衣食住、暮らしに寄り添うもの選び

内田彩仍

集英社

はじめに

装うこと、食べること、住まいのこと。
衣食住すべてに興味があるから、
私は暮らすことが本当に好きなのだと思います。
自分らしくいられる服を着て、なるべくなら食べるものをいい加減にせず、
安心してくつろげるよう家を整える。
それだけで心から満たされた気持ちになります。
だから、暮らしのもの選びはいつも真剣です。

四十代まではちょっと背伸びしてもの選びをしていました。
管理が大変でも「ちゃんと手入れして使うから大丈夫」
と覚悟を決めて購入したり、
ときには機能性より見た目重視で選んだり。
体力も気力もあるから、生活のちょっとした不便が
気にならなかったのだと思います。
「手をかけて暮らす」ことへの満足感や憧れもありました。

でも、五十代半ばを過ぎると
同じようにはいかなくなります。
自分の体調に波があるなかで
親や家族の用事で忙しくなったり、
面倒に感じることが増えたりして、
気持ちに余裕がなくなってくるのです。
流行を追うとか「旬のものを知っていないと」
という気持ちもだんだん縮小。
六十歳を迎える今、ものを選ぶ基準が
随分変わってきたことを自覚しています。

自分自身の変化、環境の変化を恐れずに
大らかに受け入れて。
自分をやさしくいたわり
寄り添ってくれるものと暮らしたい。
今は、そんな気分です。

スタイリストという
ものを選んだり集めたりする仕事を長くしていたので、
基本的に新しいものを探すのは好きな時間です。
好きなものを見つけたときのわくわく感は以前のまま。
人生後半なのはちがいないけれど、
終活を意識して何もかもを小さく
最低限に絞っていくにはまだ早そう
というのが最近の実感です。
まだまだ新しいものにときめいていたいし、
毎日の暮らしにも飽きたくない。

いつも新鮮な気持ちでいるためにも、ものの力を借りて
自分も暮らしも更新していけたらと思っています。

内田彩仍

衣食住、暮らしに寄り添うもの選び

目次

※本書掲載の商品は全て著者の私物です。
商品情報は2024年8月時点のもので、今後変更の可能性があります。

変わりゆく家、育てるインテリア

結婚して十年目、新築のマンションを購入した時に、どんなインテリアにしようかと考えるのはとても楽しい時間でした。当時はカントリー調のインテリアが流行っていて、その影響を受けながらも、甘くなりすぎないシンプルでナチュラルな雰囲気の家具を揃えました。壁や出窓に自分たちでタイルを貼ったり、家具をリメイクしたり。時間をかけて少しずつ自分の好きな空間をつくっていくなかで、雑誌などに取り上げてもらうようになりました。それが、こうして本を書いている今につながっています。

マンションに住み始めて十四年目を迎える頃、ユニットバスのタイル壁に亀裂が入ったのをきっかけに、全面的にリフォームすることを決めました。二〇〇八年のことです。それまでの、白をベースにしたナチュラルなインテリアから、北欧テイストに少しずつ好みが変わってきた頃。仕事柄ものが増えてきて、収納スペースを増やしたいという希望もありました。古くなってきた設備を一新するいい機会だとも思いました。

「終《つい》の棲家《すみか》」だと思いながら行ったマンションリフォームでしたが、五十代に入ると家族の状況や暮らしに対する考え方も変わってきて、もう少し広い家に引っ越すことを考え始めました。そして、コロナ禍の二〇二〇年に住み替えたのが今の一軒家です。マンションを売却して築浅の中古住宅を購入。間取りなどは変えずに内装に手を入れて住むことにしました。

マンションのリフォーム時は、床は天然木に、壁には珪藻土《けいそうど》を使うなど、天然素材にこだわって

寝室のチェストは、もともとカントリー調のデザインだったものを15年ほど前に手直し。デコラティブだった装飾をカットし、脚も交換。取っ手も、丸い陶器製の持ち手から、アルミの金具につけ替え。パイン材にチーク色のオイルステインを塗って、他の家具に合うようにしました。姿を変えながら、もう30年以上の付き合いです。

朝の家事をひと通り終えたらコーヒーを淹れてひと休み。ダイニングの椅子に座って見るこの眺めが好きで、「あそこにあれを飾ろう」と思いつくのもこの時間。

リビングのイージーチェアはピーター・ヴィッツ＆オルラ・モルガード・ニールセンのデザイン。歴代の猫たちの居場所でもあります。クッションカバーを張り替えたり、折れてしまった背のバーを家具屋さんで修理してもらったり。手入れしながら使い続けています。
ファブリック tambourine（ミナ ペルホネン）

素材を決めました。当時は四十代半ばで、「経年変化も味のうち」「こまめに手入れするから大丈夫」と憧れを現実にすべく張り切っていました。加工された建材をどこか味気なく、チープに感じてもいました。

でも、実際何年か住むうちに、天然素材の難しさも痛感しました。一枚板のドアは重く、油圧システムをつけなければ危なかったり、季節ごとに膨張や収縮を繰り返すので反りやすく、すきま風が気になったりすることも。天然木の床はなめらかな肌触りがとても気持ちいい反面、ワックスでのこまめな手入れが必須。傷もつきやすく補修にも手を焼きました。

そんな経験から、五十代のリフォームでは壁や床材の選び方を変えました。重視したのは、なんといっても「手入れのラクさ」です。天然素材が素敵だと思う気持ちに変わりはありませんが、先々の自分をいたわる気持ちの方が強くなってきたのです。主な建材は、なるべく少ない労力できれいな状態を維持できる、経年変化しにくいものをセレクト。今は種類や色、質感なども豊富で、天然素材と見た目に遜色がなく、心から「使いたい」と思えるものがぐっと増えた印象です。

家具のほとんどは前のマンションで使っていたもの。最初に揃えたナチュラルテイストの家具も、ほとんどが今の家でも現役。椅子は布を張り替えたり、チェストは脚を切ったりして、今の好みや新しい家具と調和するようにチューニングしました。家が変わっていくなかで、家具は手を加えるほどに愛着が増していきます。

食事の後そのままゆっくりくつろげるような空間を目指したキッチン。システム収納はリクシル製。扉は木目調にして家具と馴染むように。床にはフロアタイルを敷いて、フローリングのリビングから空間を切り替え。

キャンドルは我が家の必需品

家のいたるところに置いてているキャンドルホルダー。人を迎える時、家の掃除をひと通り終えてくつろぐ時、キャンドルを灯すのが習慣です。家の中が整ったしるしでもあり、これからリラックスするためのスイッチでもあり、キャンドルに火を灯すと、自分のなかでひと区切りがつきます。高級なアロマキャンドルは香りが強すぎることもありますが、イケアの「イエムリークアロマティーライトキャンドル」はお手頃で、バニラの香りがほのか。アロマが苦手な愛猫のことを考え、リビングで灯すのは無香料のものです。

存在感のあるガラスのキャンドルホルダー。草木を添えてテーブルの上に置いて眺めたり、オブジェのような感覚で窓辺に置いたり。
ルース キャンドルホルダー クリア(ファームリビング)

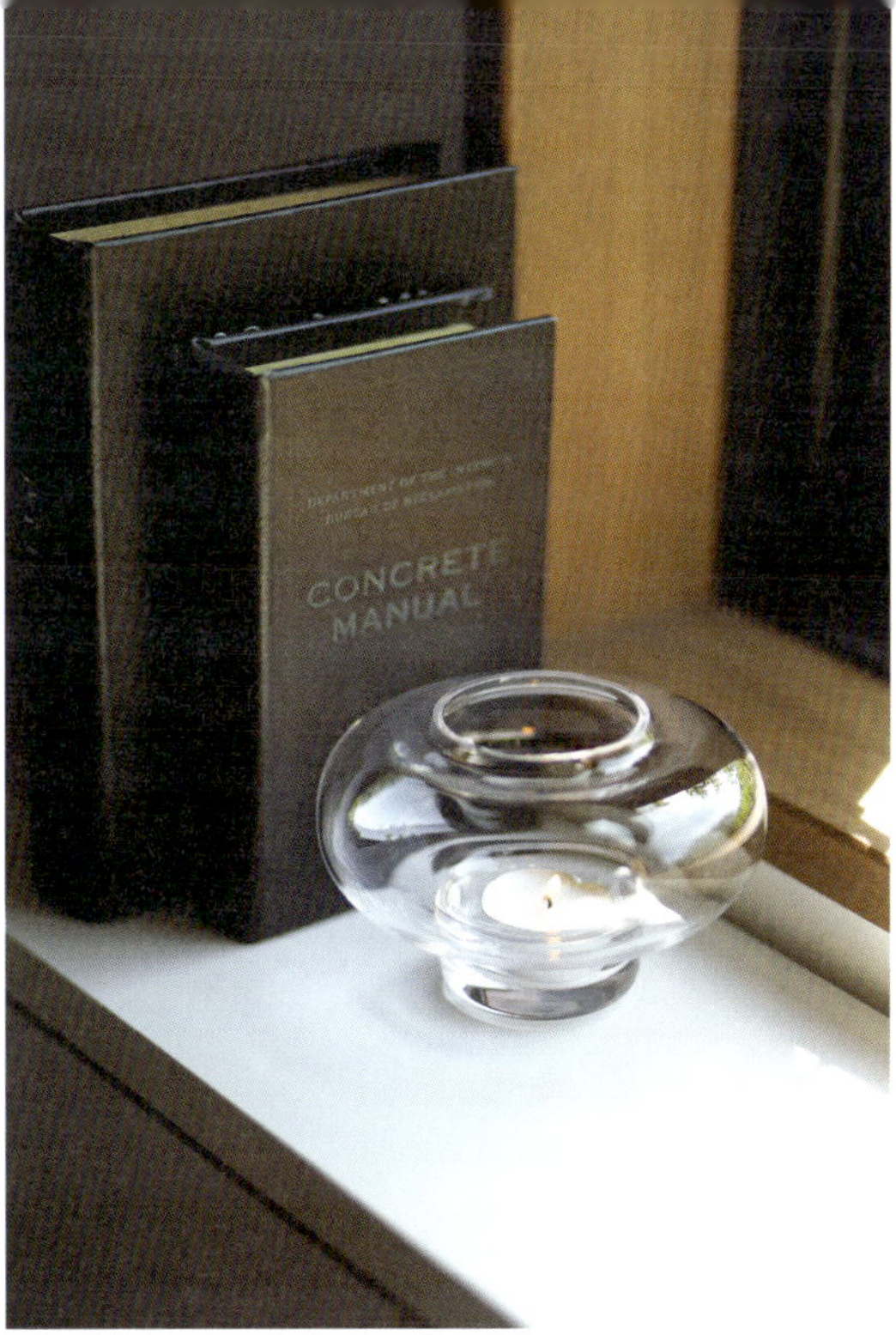

アンティークのようなどこか懐かしい雰囲気が好きで、クリアとブラウンの2色を所有。夏はみずみずしく感じるクリアを、冬は落ち着いた佇まいのブラウンを。どちらも気に入っています。

Fyr キャンドルホルダー(マリメッコ)

壁に取りつけた飾り棚にもキャンドルを。濁りのないクリアなガラスだから、遠目から見ても炎の形がくっきり。揺らぐ炎がふと目に留まると癒されます。

ヴァルケア キャンドルホルダー クリア(イッタラ)

キャンドルホルダーはイッタラのステラリア。ヴィンテージ品で、ずっと憧れて探していたところ、北欧家具店「ハミングジョー」で見つけました。左のカステヘルミのジャーには、ティーライトキャンドルのストックを入れています。

カステヘルミ ジャー 116×114ミリ デザート(イッタラ)
グリマ 香りなしティーライト(イケア)

寝室の鏡台にはアルヴァ・アアルトデザインのキャンドルホルダーを。色は、木の家具に馴染む「リネン」。朝晩のスキンケアタイムには香り付きキャンドルを灯してくつろぎます。

アルヴァ・アアルト コレクション キャンドルホルダー リネン（イッタラ）
イェムリーク アロマティーライトキャンドル バニラ（イケア）

浴室の窓辺に置いたキャンドルホルダー。品名の「キビ」はフィンランド語で「石」のこと。その名の通りほどよい重さで安定感もあるので、置く場所を選びません。湯船に浸かりながら眺めていると、1日の疲れがすっと抜けていきます。

キビ キャンドルホルダー クリア（イッタラ）

木製家具と長く無理せず付き合っていく

以前は、木製家具はオイル塗装仕上げのものを選んでいましたが、今の家ではほとんどの家具がウレタン塗装仕上げのものです。木の質感を生かしたナチュラルな風合いのため手入れ必須なオイル塗装仕上げと、塗膜が厚く保護性が高いぶん、塗料のツヤ感が少し出てしまうウレタン塗装仕上げ。好みはオイル塗装仕上げですが、今はこの先長く使い続けられることを優先。ウレタン塗装仕上げの家具は心置きなく水拭き掃除ができ、木部の乾きや劣化も防いでくれます。使い続けるうちに、このツヤもいい具合に見えてきました。

木製家具の小さな傷は油性マーカーで補修するといいと家具屋さんに教わりました。チークには茶色、オークには黄土色とうす橙色のマーカーを混ぜて。白い家具とアイアン家具用に白と黒のマーカーも用意しています。傷に塗ったら、ぼかすようにやさしくティッシュで余分なインクを拭き取ります。

油性マーキングペン マジックインキ（寺西化学工業）

新しい家のサイズ感に合わせて新調したダイニングテーブルはデンマーク製のエクステンションテーブル。天板のみ「三分ツヤ」のウレタン塗装をしてもらい、光沢の出方を抑えつつ木部を保護しています。

窓辺にしつらえたカウンターテーブルだけは、オイル塗装仕上げに。日差しを受ける場所ではツヤ感が目立つのと、下に置いたオイル塗装仕上げの家具と雰囲気が合うようにしました。

リビングで使っていたペンダントライトを玄関に移動。ダウンライトの穴は白く塗装した板で塞ぎました。照明の存在感は大きくて、一気にクラシカルな雰囲気の玄関に。

VL45 ラジオハウス ペンダント（ルイスポールセン）

インテリアに機能的な灯りを

少し前に玄関の照明器具を新しくしました。今までの照明はダウンライトで、少し薄暗かったのです。新しい照明にはスマート電球を取りつけて、光の調子を変更できるようにしています。

普段は電球色の温かい光にして、洋服のコーディネートをする際にはリモコンで昼白色に切り替え。外出の前日には服を決めて靴を履き、玄関にある姿見で確認するのですが、今までは見分けがつきにくかった黒と紺の色味や、服の顔映りもわかるようになりました。掃除をする時も昼白色にして明るさも最大にして汚れをチェック。

常夜灯として洗面所や廊下に置いているLEDキャンドル。タイマー付きで、就寝時間に点るように設定。揺らぎのあるほのかな光が明るすぎずちょうどいい。

ルミナラ LEDキャンドル ピラー(カメヤマ)

スマート電球とは電球色から昼光色まで色調が自在に変更でき、明るさも調光できるLED電球のこと。ものによっては電球色の色が赤すぎて気になることもありますが、この電球の色合いはほどよくて好み。スマホでも操作が可能で、別売りのリモコンがあるとより便利。

ホワイトグラデーション(フィリップス ヒュー)
ディマースイッチ(フィリップス ヒュー)

歳を重ねて目が見えづらくなってくると薄暗い場所は危ないこともあるから、スマート電球はこれから家の各所で増えていきそうです。

花はグレーの花器に飾って、水替え頻度を少なく

マンション住まいから一軒家での暮らしになり、天井も高く空間も広くなると、以前よりも大きな花器が映えるようになりました。花器が大きくなると水替えもひと苦労。我が家はキッチンが二階なので、一階の玄関に置く花器の水替えは特に大変です。

そこで行きつけの生花店の方にも相談し、水替えの頻度を少なくするために栄養剤を使うことにしました。ただ、栄養剤を入れるとうっすら水が濁ってしまうのが難点で、クリアガラスの花器だとちょっと気になります。これを解決したのが色付きガラスの花器。グ

化粧品を置くためにリビングにしつらえたウォールシェルフには、部屋に映える白い芍薬を生けて。アルヴァ・アアルト コレクション ベース ダークグレー(イッタラ)

レーのガラスは緑や花の色を引き立てながらオブジェのようになり、絵になりやすいことにも気づきました。

背の高い枝ものは高さのある花器に。春には、葉裏が白いウラジロノキを生けて。新芽の季節だとまだ葉が小さくて重くなりすぎずに飾れます。キッチンの窓辺に置くと植物のシルエットがきれい。

「ボーコンセプト」で購入した丸いフラワーベース。どっしりと安定感があるので紫陽花など頭の重い花に最適。この日はたっぷり実のついたヘデラベリーを、こぼれ落ちそうな雰囲気に生けました。

庭に咲いたクリスマスローズ。水切りしていくうちにだんだん短くなったので、
1脚になってしまったグラスを花器にして花束のようにまとめて飾りました。

オンボナド ゴブレット グレー(イケア)

4個セットのワイングラスは、重みがあり倒れにくそうだったので花器として使うために購入。背の高い花も飾りやすく、一輪挿しにしても寂しくならずにおしゃれに見えます。

オンボナド ワイングラス グレー(イケア)

朝露をイメージして作られたカステヘルミ。窓辺に置くと光を反射して素朴な草花も映えます。春に生けたポリシャスがよく育ち、初夏には根が出てきました。

カステヘルミ ベース グレー（イッタラ）

美しいフォルムのカラフェ。お酒が飲めないのでカラフェとしては出番がなく、花器に。深さがあって注ぎ口に茎をもたれかけさせられるから、頭の重い花の一輪挿しにぴったり。

カルティオ カラフェ ダークグレー（イッタラ）

食器として使わなくなったグレーのスープ皿を鉢代わりに。毎年1月半ばにチューリップやムスカリの球根を購入して、固い蕾から花が咲くまでを楽しんでいます。チューリップには黄色い水苔を、ムスカリには葉の緑が映える深緑のシノブゴケを水耕栽培の保湿材として使用。

切り花を長持ちさせるには、はさみの切れ味が肝心。スパッと切れると水あげがうまくいき、きれいな花を長く楽しめます。太い枝は園芸ばさみ、花の茎は花ばさみを使用。行きつけの生花店で勧められた栄養剤も使っています。

園芸バサミ（ヘンケルス）※写真中央
業務用花はさみ フルール（アルスコーポレーション）※写真下
花工場切花ロングライフ液（住友化学園芸）

電気ケトルはラッセルホブス一筋。注ぎ口の細さや曲線の美しさが好きで、壊れても同じものを買い替えて、愛用歴は20年以上に。パンかごもステンレス製で、毎朝の食パン入れに。

カフェケトル 1リットル(ラッセルホブス)
アルフレド ブレッドバスケット S(ジョージ ジェンセン)

インテリアにシルバー色のアクセントを添える

我が家を見渡すと、ところどころにシルバー色のアイテムが目に留まります。照明、パンかご、小物入れ、フォトフレームにキャンドルホルダー……。インテリアに光沢が添えられると、空間がすっきりと洗練される気がします。

キッチン家電もステンレスのものが好みで、長年使い続けている電気ケトルやポップアップトースターもステンレス製。ステンレスはさっと磨けば水はねや指紋などの汚れがきれいに落ち、腐食もしにくい。キッチンで長年活躍しているアイテムには、ステンレス製のものが多いことに気づきます。

光沢があると清潔に感じるから、キッチンの引き出しの取っ手もシルバー色を選びました。昔ながらのポップアップトースターは短時間でとても美味しく焼き上がります。高級感のあるキッチンペーパーホルダーは実はお手頃。アーム付きで片手でカットしやすい。

クラシックトースター（ラッセルホブス）
キッチンペーパーホルダー（エルクラ）

「ボーコンセプト」の店内で見つけたワイヤーバスケット。キッチンカウンターに置いてパンやフルーツ入れとして使っています。

建築家アルヴァ・アアルトが設計したメゾン・カレをお手本に、リビングの窓辺にペンダントライトを2つ設置。輝きが経年変化しにくいクロームメッキ仕上げのゴールデンベルを選びました。少し薄暗い雨の日に、この照明だけ点けて過ごす時間が好きです。

ペンダント A330S ゴールデンベル クローム(アルテック)

15年以上愛用している小物入れ。キッチンボードの上には同じシリーズの「コッペル ボン ボニエール オニオン」が(p30)。どちらもキャンドル入れにしています。

コッペル ボン ボニエール ターナップ(ジョージ ジェンセン)

ショールームで一目惚れしたテーブルライト。当時は新居を探していたタイミングで「新しい家に必ずこの照明を迎えよう」と心に決めて実現しました。今ではリビングのアイコンのような存在に。

パンテラ250 テーブル シルヴァー・クローム（ルイスポールセン）

ソファは16年ほど前に購入。左端が夫の定位置でクッションがへたりやすいので、数年ごとにウレタンを入れ替え。カバーは何度か張り替えていて、こちらはサンゲツの生地。傷みにくく、張り替えて6年経ちますがきれいなまま。

ポーラ ソファ 3人掛け(イデー)

長く使い続ける家具

インテリアを選ぶ時に常に思い浮かべるのは、北欧フィンランドの建築家、アルヴァ・アアルトが設計した住宅です。随分前にインテリア雑誌で特集されているのを見てから、空間づくりのお手本にしています。

家具は大物で簡単に取り替えることができないから、「飽きない」ことが大切。インテリアに飽きてしまうと手入れや掃除も面倒になってしまいます。そこで過ごすことさえもつまらない気持ちになりそうなので、好きな北欧テイストの家具のなかでも、なるべく普遍的なデザインで、心から惹かれるものを選ぶようにしています。

座り心地のいいダイニングチェアは30年ほど前に家具店「カーフ」で4脚購入したもの。座りやすいので2脚を親に譲り、今は2脚に。なぜか私の椅子だけ歴代の猫たちが爪とぎをするので、数年おきに布を張り替えています。

ファブリック tambourine（ミナ ペルホネン）

ソファのサイドテーブルにしているチェストは福岡の雑貨店「トラム」で見つけました。充電器や文具などリビング周りの小物を収納。愛用歴は長く、マンション時代は玄関に置いてハンカチやリップなど出かける際に必要なものを収納していました。

布張りの椅子やソファは汚れが気になった時に張り替えて一新できるのが魅力。その時々で好きな布を選ぶと、部屋の雰囲気が変わっていい気分転換にもなります。

頼りになる実用的な家具

リビングのテーブルや椅子は北欧のヴィンテージ家具が中心ですが、本棚や収納棚など、実用性を求める家具はイケアやニトリ、ディノスなど、広く流通しているメーカーのものを選んでいます。これらは現代の住宅事情をベースに造られているので、使い勝手は抜群。パーツが追加できたり、スペースに合わせてサイズが選べたりするなど商品展開が豊富なところが魅力です。

我が家に置いてみて「ちょっと違うかも」と思う時は、自分で塗装したり、家具屋さんに相談して扉をつけ替えたり。お手頃価格だから、アレンジも気軽にできます。

(上)リビングから続く２畳の書斎にある本棚はニトリのコネクトシリーズで、色はウォールナット。以前使っていた本棚は横長で、棚板がたわんでしまったので、今回はスクエア形にしました。引き出しや扉を自由に組み合わせて自分仕様に。

(右)本棚に合わせてニトリで選んだ、ウォールナットのスリムなデスク。引き出しがレール付きで開閉もスムーズ。

ダイニングの窓下の棚はディノスのもの。1センチ刻みでオーダーできたので我が家にぴったりのサイズに。ダイニングテーブルで仕事をすることが多いので背面にあってすぐ手が届くこの場所には、薬やはさみ、電卓やメジャーなどこまごまとした、使用頻度の高い雑貨を収納。奥行きがないので取り出しやすくしまいやすい。

寝室とリビングにある丸い鏡。お手頃ながら、鏡は歪みなく、縁もウォールナット材の突き板とあってチープに見えません。丸い鏡は空間に動きが出て部屋が一気におしゃれな印象に。寝室には直径80センチ、リビングには直径60センチのものを。

ストックホルム ミラー（イケア）

洗面所の壁には、サイズをオーダーできる棚を取りつけ。洗濯用洗剤や洗面所で使うもののストック、お風呂用の眼鏡などを収納しています。取っ手のない、シンプルな白い箱のような佇まいが気に入っています。

ピッタラ（サンワカンパニー）

洗面台の鏡も丸形に。四角い鏡に向かうよりも穏やかな気持ちになる気がします。鏡裏が収納になっているので、出しっぱなしだと雑然とするものを収納できます。

SUSメタ サークル 500(サンワカンパニー)

作り置きしたものを並べたり、料理本を広げたり。水はねしない場所でちょっとした作業ができるよう、キッチンカウンターを造作してもらいました。デザインはマンションで使っていたものをベースにして、夫も作業しやすいようカウンターは高めに、座ってお茶を飲んだりもできるよう天板も広めにしました。天板は耐久性、耐水性に優れたメラミン化粧板の薄いグレーを選び、キッチンの扉の色と合わせています。

カウンターの中にゴミ箱を入れてすっきり。食材は無印良品のソフトケースに、ラップや洗剤などのストックはファイルボックスに収納。いずれも汚れたら水拭きできるので、清潔に使いたいキッチンには最適です。

ペダル式ゴミ箱 ニューアイコン12リットル ホワイト（ブラバンシア）
やわらかポリエチレンケース・中（無印良品）
再生ポリプロピレン入りファイルボックス（無印良品）

スツールは「ボーコンセプト」のセールで見つけたもの。家具屋さんにお願いしてカウンターの高さに合うよう脚を5センチカットしてもらいました。背の低い私も座りやすくなりました。

床にはものを置かない

最近の暮らしで心がけているのは「床にはものを置かない」ということ。これを聞くと、ロボット掃除機を稼働させるためだと思うかもしれませんが、そうではありません。床にものを置かないのは、つまずかないため。

数年前から人間ドックで骨密度検査をしていてわかったのが、私は骨粗しょう症だということ。十五年ほど前に足の病気を患ったせいで慢性的に運動不足なのと、この時の薬の影響もあるようです。特に大腿骨の骨密度が低め。骨折して歩けなくなっては大変なので、気をつけなくてはいけません。

そこで、家の中でつまずくことのないよう、なるべく床にものを置かないようにしました。床に直置きしていたマガジンラックや本も片付けて、棚にしまうのを習慣にしています。部屋の一角に置いていた大きなソーイングテーブルも、今はしまっています。ヴィンテージ品で、とても好きだったものですが、脚がハの字に広がっていて、どうしてもつまずいてしまうのです。裁縫箱は別のものに替えて、棚に収納するようになりました。

家具の選び方や置き方も変わりました。ソーイングテーブルと同様、脚がハの字に広がっている椅子は、一脚だけを残し、引っ越しを機にリサイクルショップに送り出しました。リビングのテーブルを少し大きめのものに買い替えた際にも、脚が天板より内側に入っているものを選んで。家具の脚も角張っているものよりは丸くなっているものの方が安心です。

そんな風に対策をしてかなり気をつけていたも

猫との暮らしには必需品の爪とぎ。愛猫そらの休憩所でもあり、ここでよく昼寝もしているので片付けるわけにもいかず、そばを通る時には注意。
猫用L字型スクラッチャー（FUKUMARU）

のの、実は少し前に家の中でつまずいてしまいました。午前中、掃除機をかけている時に、これだけはと床に直置きしていた猫の爪とぎの角につまずいてしまったのです。最初は少し痛いぐらいでしたがどんどん腫れて、夕方に病院で診てもらったら右足の薬指の骨がきれいに折れていて、全治二か月の骨折でした。あんなに気をつけていたのに……と落ち込んでしまいましたが、油断は禁物というい い教訓にもなりました。

足指の骨折で家の中を歩くのも、階段を昇り降りするのも大変になりましたが、よかったこともありました。当時は、ちょうどシステムバスを交換しようとショールームを回っている最中でした。片足に力が入らない状態だったために、体を支えるための最適な手すりの位置や出入りしやすい浴槽かどうかを、確信をもってチェックすることができたのです。足を引きずりながら、「骨折してよかったかも」と言っている私を横目に、夫は半ば呆れていました。

家具も家電も、今選ぶ時に念頭にあるのは、まず危なくないこと。これは少し前にはなかった視点です。もともとそそっかしいところがあるけれど、最近拍車がかかってきたから、過信は禁物。少し先の自分を想像しながら選んでいます。

ローテーブルはデンマーク製のヴィンテージ。脚が天板より内側に入っています。スタンドランプの台座も丸形。選んだ時には意識していなかったけれど、角のないなだらかなフォルムに安心感。

フロアランプF-WN1(トラックファニチャー)

引き出しや棚はカウンターの下に入れてなるべく角が出ないように。

キッチンを引き締めるためにトッププレートは黒にしようと決めていました。さらにプレートのガイド表示や、ボタン部分がシンプルですっきりしたデザインのものを選びました。凹凸がなく使った後も拭きやすい。
IHクッキングヒーター　ユーロスタイルIH（三菱電機）

住まいはオール電化に

これまでのキッチンではずっとガスコンロを使っていたので、新しい家でもそうするつもりでいました。そんな時、義母からガスコンロで鍋を焦がしてしまったという電話が。同じ頃、夫がコンロの火を点けたまま夜食のラーメンをすすっているのを発見。私のなかに危険信号が点り、一転してＩＨクッキングヒーターを選択することにしました。使い始めこそ適温がわからず試行錯誤しましたが、すぐに慣れました。五徳がないと驚くほど掃除がラク。私たち世代にはＩＨの方が合っていることが、使ってみてわかりました。

トイレのフロアタイルが浮いてきてしまったので、貼り替え。目地棒を入れる代わりに面取りしてあるタイルを選びました。
フロアタイル モルテストーン（サンゲツ）

キッチンのフロアタイルは目地棒を入れてもらいました。おしゃれな雰囲気になり、接ぎ目やボンドの残りも気になりません。
フロアタイル サンドストリーム（サンゲツ）

床はフロアタイルに

新しい家では、キッチンの床にフロアタイルを貼りました。フローリングより水に強くて、フロアシートよりも質感がいいという理由でしたが、これが大正解。石のような素材感が自然で見た目が洗練されていながら、ものを落としても傷がついたり凹んだりせず丈夫、さらに滑りにくいのです。

あまりに気に入ったので洗面所とトイレもフロアタイルに替えました。

ゆくゆくは化粧品を使う寝室もフローリングから替えられたらと考えています。化粧品の瓶を落としたり、ヘアオイルをこぼしたりしても傷や汚れに強いフロアタイルなら安心です。

定期交換でさっぱりと暮らしたい

排水口ネットは毎日、キッチンスポンジは週に一回、歯ブラシは月に一回、手拭き用のタオルは年に一回などと、日常的に使う消耗品は交換頻度を決めています。

以前は、古くなったら交換、汚れたら交換、としていたけれど、つい基準が甘くなることや、忘れてしまうこともあります。毎日手に取るものを使い古してしまうと、不快とは言わないまでも、使い勝手が悪かったり、気持ちよく使えなくなっていたり。生活のなかで小さな不機嫌を生んでしまいます。だから古くなりすぎる前に新しいものに取り替え。ちょっとしたことですが、毎日を気持ちよく暮らす秘訣だと思います。

一年で交換するものは、年末に新しいものを買い揃えておくようにしています。下着は、年初に五着を新調。年末になると翌年分の下着を買っておきます。浴用タオルも同様、年末に一年使う分の二十枚を購入して入れ替えます。ハンカチも、毎日洗濯しても一年ほどで菌が落とせなくなると聞いてから、年末に翌年分を買い替え。いずれもまだまだ使えそうですが、新品と並べると黒ずんでいたりへたっていたり。交換して新しいものに触れると、やっぱり肌触りが違ってとても快適に感じます。年初に新品をおろすのも、清々しくて気分がいいものです。

ある日、着替えている時にふと鏡を見たら、穿いていたユニクロのスパッツが膝も出て腰のところに小さな穴まで空いていて！　その姿がなんともだらしなくて、思わず笑ってしまいました。「まだ使えるから」といって長く使っていると、なん排水口の水切りネットは朝食の食器洗い後に交換。1日分だとゴミも少なく、掃除も簡単。臭いが出る前にキッチンのゴミをまとめて庭のゴミ箱へ。

浅型水切りネット(無印良品)

一日で交換

一週間で交換

食器洗い用のスポンジは毎週日曜日の夜にシンクを磨いてから交換。百円ショップで2個入りぐらいの商品が、1週間交換用にはちょうどいいという結論。見た目のシンプルさも重視していて、こちらはセリアで見つけたもの。

歯ブラシは2本使い。ピラミッド形状のブラシで磨いた後に、ヘッドがコンパクトな先細ブラシで細かくブラッシング。いずれも月初めに交換。ホワイトニング効果のある歯磨き粉も愛用中。
奇跡の歯ブラシ クリアブラック（あるほっぷ）／システマハブラシ 超コンパクト（ライオン）／フィス ホワイト 歯磨き粉（イルミルド）

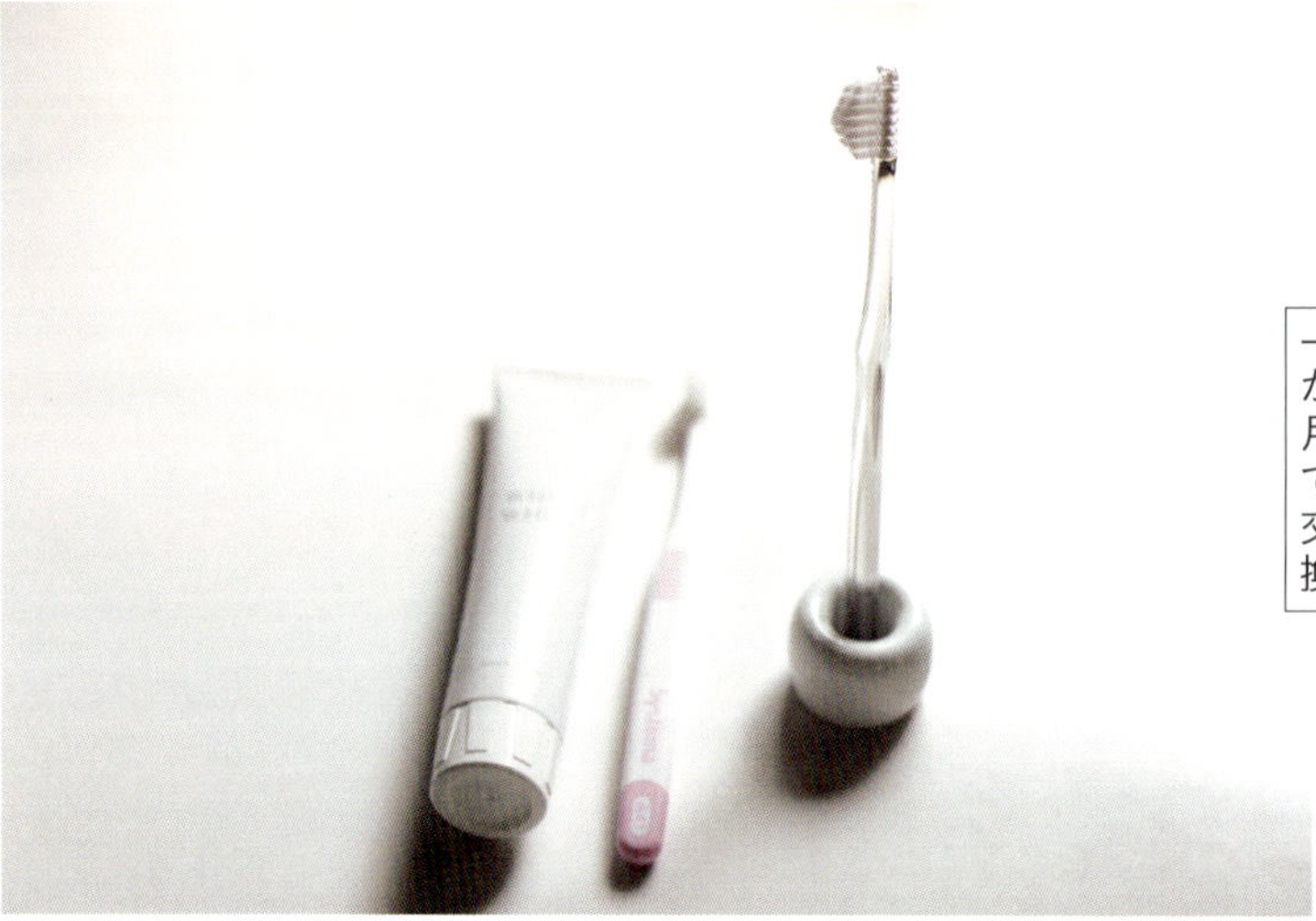

一か月で交換

だか家も自分も少しずつくすんでいってしまいそう。昔はもっと前に気づけたことに、ちょっと鈍感になってきているような気もします。特に衣類に染みついた臭いや、家が持つ特有の臭いには気づけないこともあるから、消耗品に対して「もったいない」と思う気持ちは、心を鬼にして封印。早めに新しくして、さっぱりと暮らしていきたいのです。

交換を躊躇《ちゅうちょ》しないためには、生活用品だったら百円ショップのものを利用したり、身につけるものだったらブランドよりも着心地やお手頃さを重視したりと、選ぶ時のポイントも変わりました。価格と使用感がちょうどいいバランスの消耗品を見つけることも、暮らしのささやかな楽しみになっています。

一か月で交換

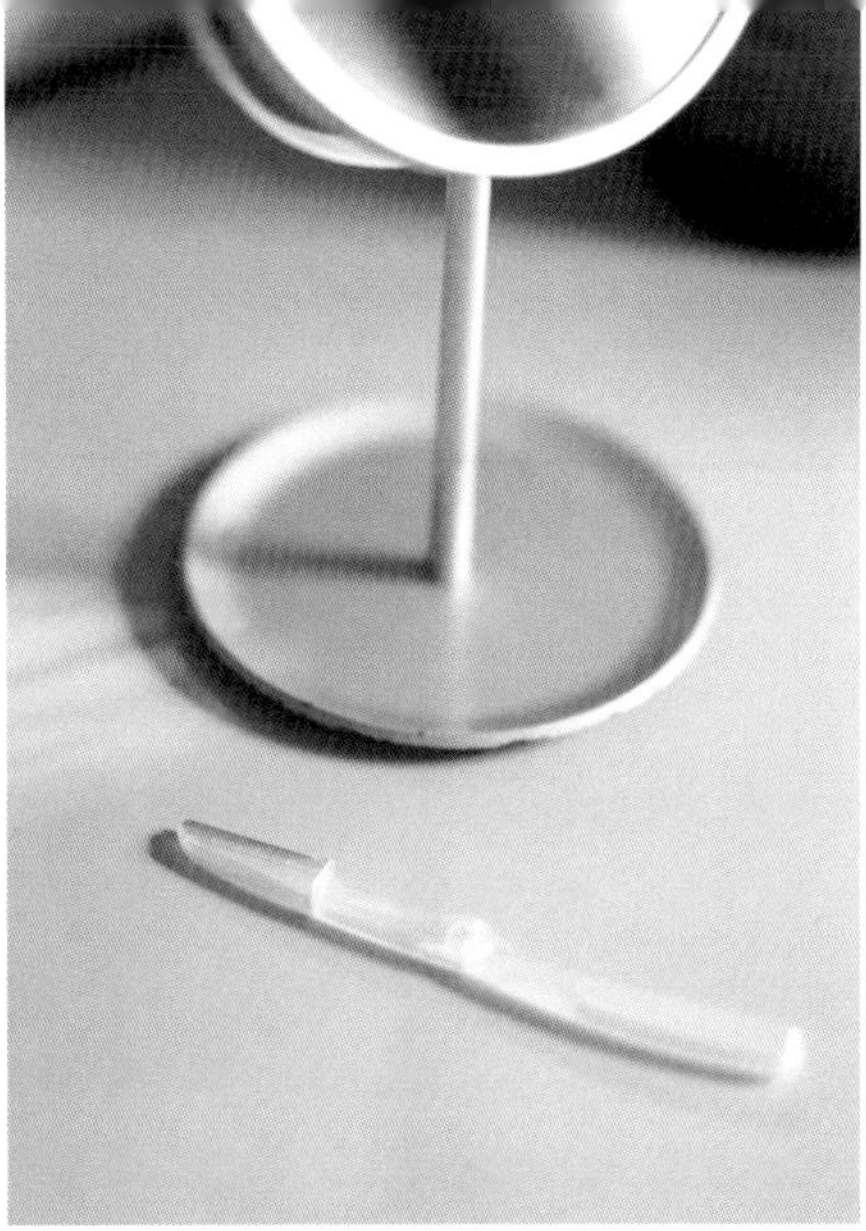

浴室の掃除用スポンジはだいたい1か月ぐらいでくすんできたり、引っ掛けるところが伸びてきたり。排水口を掃除してから処分。

引っかけられるバススポンジホワイト（セリア）

顔のうぶ毛剃り用のシェーバーは雑菌が増える前、刃が傷む前に交換するのが肌にやさしい。折り畳み式で刃が収納できます。

携帯用かみそり（無印良品）

三か月で交換

洗髪後に吸水ヘアキャップをかぶると、ドライヤーが時短に。ボディタオルは出張用に用意したものを夫も気に入って日常使いにしました。

マイクロファイバー吸水ヘアキャップ（セリア）
携帯用のびのびボディタオル（無印良品）

玄関タイルやテラスのガーデン家具は週に1度の頻度で雑巾がけ。雑巾は10枚セットをアマゾンの定期便で3か月ごとに届くように設定。絞りやすい薄さがちょうどいい。

タオルぞうきん（ストリックスデザイン）

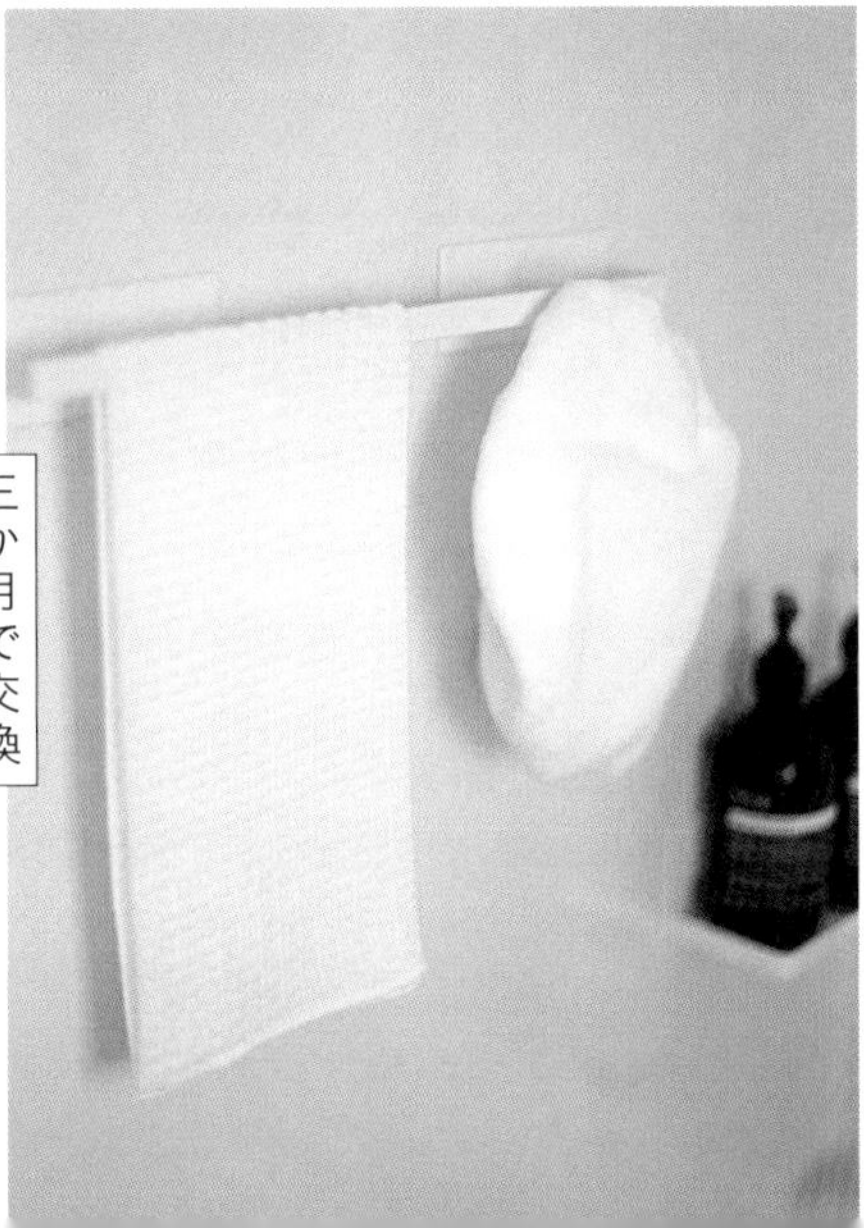

私と夫の室内履きはバブーシュ。室内履きは汚れやすいので、あえて白を選ぶことで汚れを見つけやすくして、清潔を保てるようにしています。普段は、洗剤を吹きつけたマイクロファイバークロスで汚れを拭き取った後に、固く絞った布で水拭き。仕上げに革専用のクリーナー兼保護剤を使って手入れしています。それでも次第に取れない汚れが目立ってくるから1年で交換。

スパンコール バブーシュ(ファティマ モロッコ)
ウタマロクリーナー(東邦)
しっとりミルキークリーナー(ミスターミニット)

一年で交換

枕カバーはほぼ毎日洗濯していますが、だんだん黄ばんできたり、臭いが残るようになったり。シーツ類は1年以上使いますが、枕カバーは1年で交換しています。この枕カバーは取り外しや取りつけも簡単で、洗濯が苦になりません。

のびてピタッとフィットする枕カバー（ニトリ）

一年で交換

インナーは1年で交換。汗がこもらなくて快適なので年中ユニクロのエアリズムです。

エアリズム シルクブレンドUVカットレギンス 10分丈(ユニクロ)
エアリズム シルクブレンドUVカットクルーネックT 長袖(ユニクロ)
エアリズム シームレスショーツ ジャストウエスト(ユニクロ)

洗面所の手拭き用タオルは常時5枚あり、1年で交換。新しいものにすると本来の柔らかさと気持ちよさを再認識。古いものは、お風呂掃除の際の水滴取り用のタオルとして使っています。

ふっくらパイルフェイスタオル チャコール(無印良品)

コテで火傷した痕を隠すのに欠かせないコンシーラー。使い始めてからだいたい1年ぐらいでテクスチャーが硬くなったり香りが変化したり。使い心地が変わってくるから、自分で期限を決めて新しいものに交換。

スポッツカバー ファウンデイション（資生堂）

浴用タオルは毛羽がつかず、薄手で乾きやすいものを探していて、ようやく理想のものに巡り合いました。夫はモカ、私はアイボリー色で10枚ずつを1年で交換。薄手なので雑巾として再利用もしやすい。

ガムシャタオル フェイスタオル（角谷織物）

ショッピングバッグは持ちやすさを重視。持ち手の部分が幅広で、肩に掛けやすく、大荷物になっても食い込まないものを愛用中。保冷バッグは、マチが広くて肉や魚のパックを傾けずに平らに運べるので重宝しています。

ショッピングバッグ ブラック（ディーンアンドデルーカ）
クーラーバッグ ブラックL（ディーンアンドデルーカ）

買い物はふたりで

食料品や日用品の買い物は、ネット通販や食材宅配サービスの「オイシックス」、近くのショッピングモールを併用しています。ショッピングモールにはスーパーや薬局、無印良品、百円ショップがまとまっているので、ここに行けばすべてが揃います。

買い物はいつも夫とふたりで。十年ほど前までは、品物選びはすべて私に任せて荷物運びに徹していた夫でしたが、今はスーパーにも慣れ、どこに何が売っているかがわかるように。野菜の見分けもつくようになり、「このサラダ菜の歯応えが好み」「今美味しいフルーツならこれ」などと選ぶ目も肥

冷凍庫に保冷剤をスタンバイさせておいて、それを保冷バッグに入れて買い物へ。イケアの保冷剤は見た目がシンプルで、平らなのでバッグの底に置いても安定します。

キールクランプ アイスパック ホワイト（イケア）

えてきました。おおまかにメモして買い物を頼んでも、的確なものを一番安い場所で買ってきてくれるまでに。今ではとても頼もしい相棒です。

新しいものを探すのは楽しい

今も昔も変わらず、便利な雑貨や、自分好みのシンプルな生活用品を探すのが好きです。昔は今ほど生活雑貨のショップは多くなく、お手頃なものも少なくて、ネット検索もできませんでした。だから必要なものがあったら、雑誌の雑貨特集を隅々まで読んだり、スーパーや雑貨店などをくまなく見たり、業務用のカタログを取り寄せてチェックしたり。地道にもの探しをしていた頃を思い返すと、とても懐かしく感じます。

今は、生活のなかでちょっとした不便を感じたら、アマゾンで検索します。「明るすぎないポータブルライト」「乾きやすいタオル」「足を悪くした時の靴」など……買う買わないは別にして、思いつくままに検索窓に入力していきます。適当に入力しても、うまくキーワードを抽出してくるようで、たいていニーズに合った商品が出てきてくれます。皆の困りごとはだいたい一緒だから、見つけられないものはない。本当に便利な時代です。

最近見つけたいいものは、「金属負けしないイヤリング」と検索して出てきたコットンパールのイヤリング。留め部が金属ではなく樹脂になっているので金属に弱い私の肌でもかぶれず、つけ外しもストレスフリーです。

もうひとつはスーツケース。すでに持っているブランドのサイズ違いを買い足そうと検索したところ、バーニックというメーカーのものを見つけました。見た目が好みで、調べると丈夫そうで機能性も高そう。なんといってもお手頃で、当時はクーポンが利用できて五千円ほど。仕事で使うものだから大丈夫かなと迷いつつ、試しに購入して

みたら大満足でした。あまりにいい買い物だったので会う人ごとに話していたら、私の周りでお揃いが大発生中です。

自分のなかで「これ」と決めてリピートする安心感も知っているけれど、新しい「いいもの」を探し続ける貪欲さも持ち続けられたら。いくつになっても、「こんなに素敵なものがある」「こんなに便利なものがある」と、新しいものに心躍らせていたいものです。

アマゾンで見つけたいいもの

透け防止になり、足さばきも格段によくなるペチコートとペチパンツは私の必需品。アマゾンだと種類が豊富で、速乾・抗菌といった機能性も比較検討できて選びやすい。

透けないサテンペチコート モカブラウン（ペチコート屋）
ペチパンツ ブラック（カリスエンジェル）

コットンパールのマットな輝きは、歳を重ねた今の自分の肌感に馴染むようで、顔色がよく見えます。14ミリから8ミリまでサイズ違いでいくつか持っています。家でおしゃれするのにちょうどいいプライス。色はホワイト。

アレルギー対応 イヤリング コットンパール（アールデイズ代官山）

アマゾンで見つけたスーツケース。出張の荷物や撮影用の洋服を入れて移動するのに使っていますが、壊れず丈夫。内側の仕切りなども使いやすく、キャスターを転がす音も静かなので、早朝に出かける際も周りを気にせずに済みます。Sサイズ（写真）とMサイズを所有。

スーツケース Sサイズ グレー（バーニック）

使い捨ての敏感肌用クレンジングタオル。厚手で柔らかく、洗顔後にやさしく押さえるだけで水分をしっかり吸収。顔に布繊維が残ることもありません。顔を拭いた後、洗面台の掃除をしてから捨てています。アマゾンで定期購入。

フェイスタオル クレンジングタオル（シシベラ）

頑張りすぎない家事

十年ほど前まで、家事は私の仕事だと思っていました。もともと掃除や洗濯は好きで、清潔に整った部屋で過ごすのも好き。家事をやり残すとなんとなく気になってしまう性格もあって、家にいる時は、寝ている間と仕事をしている時間以外のほとんどを、家事をして過ごしていました。

そんな風に、「家事が趣味」というように暮らしていたのが、四十代後半から五十代にかけて、ちょっとずつ変化していきます。大きなきっかけは四十代半ばに患った足の病気（下肢潰瘍）です。包帯を巻いて歩くのもやっとという時期が一年以上続いたので、同じペースで家事ができなくなりました。夫がやってくれようとするのですが、何から手をつければいいのかわからない状態で。私は動けないので伝えるのもままならず、途方に暮れました。

そこから少しずつ、ひとりで頑張りすぎていた家事の手を緩めるようになりました。老後のためにも、夫婦それぞれがひと通りの家事ができるようになっていないと、という意識も自然と芽生え、家事の分担も始めました。

同時に、「家事をできるだけ丁寧に」と気負うのもやめました。遅くなってもシンクを磨いてから寝るとか、朝夕に掃除機をかけるとか、それまではちょっとやりすぎていたように思います。私が頑張りすぎると、夫もやりづらいだろうから、少し手抜きするぐらいの方がちょうどいいのかもしれません。

そんなわけで、ここ十年ほどで夫もほとんどの家事ができるようになり、私の家事の時間も随分

テーブルを拭くのはウェットティッシュで。使い捨てできるので、布巾消毒の負担が減りました。簡単だからか、夫も率先してテーブルを拭いてくれます。

便利な調味料は毎日の食事作りの強い味方。気に入ったものをストックしています。

減りました。疲れやすくなった私は、たまに昼寝もしますし、洗濯物を前に「あぁ面倒くさい」と口をついて出ることも。夫に言わせると、私は変わらず動き回っているように見えるらしいのですが、実際はだいぶ肩の力が抜けています。そんな今の自分もなんだかいいなあと感じます。

家事の道具は機能的であることが第一条件ですが、同じぐらい見た目も大事です。家事は毎日の仕事で、ときに億劫になってしまうものだからこそ、道具は気に入ったデザインのものを選んで、気分よく取りかかりたいのです。

見た目を重視するのは、家事の手間を軽減するためでもあります。フロアワイパーやトイレ用洗剤といった掃除用具は、どうしても生活感が出てしまうからしまい込む人も多いと聞きますが、私は出しておく派。汚れが気になった時にさっと対処できた方が汚れも溜まらず、結果的に家事がラクになるというのが実感です。ただ、道具があることで雑然としてしまうのは避けたいので、やっぱり見た目が肝心。そんな理由から、どうしてもパッケージが気になる洗剤などは、別のボトルに詰め替えることもしています。

長年家事をしてきて、道具の存在は大きいと感じます。これからもアンテナを張り巡らせて「よりよいもの」を味方につけていけたらと思います。

大容量なのにスリムで置く場所に困らず、通気性もよく、蓋付きと気が利いている洗濯かご。樹脂製なので衣類が引っかかることもなく、拭き掃除もしやすい。長年同じものを使い続けて二代目。

ラタン調ランドリーバスケット・フタ付 40リットル
オフホワイト（カーバー）

洗濯した衣類は浴室の乾燥機能を利用して室内干し。ハンガーは外干し用、室内用と分けなくていいので、アイロンがけがないものはそのままクローゼットへ。

マワハンガー エコノミック40 シルバー（マワ）

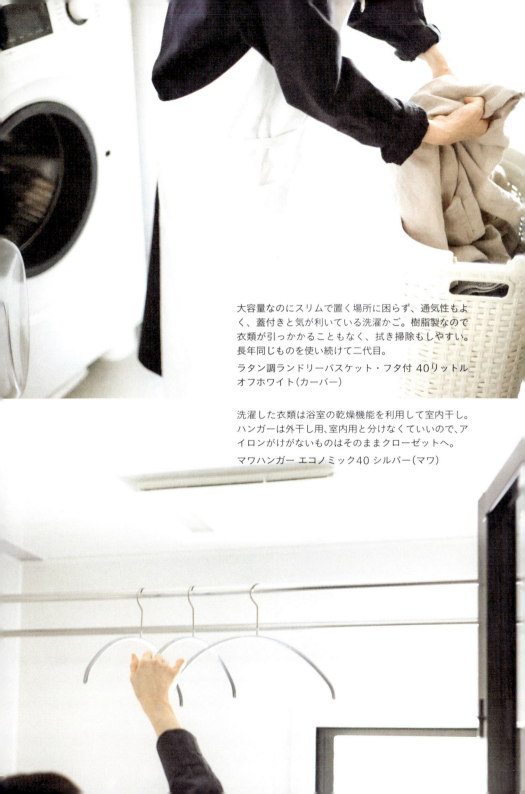

玄関を掃く

埃や砂で汚れやすい玄関。家の周りに植栽が多く、玄関土間には必ず虫がいるから、家の中に入り込ませないためにも掃き掃除は欠かせません。ほうきとちり取りセットは、玄関の隅に出しっぱなしにしておいても気にならないデザインのものに。自立して、コンパクトなので場所も取りません。

スウィープ ブラック（ティディ）

1

朝の掃除、夕方の掃除

毎朝、仕事に出かける夫を玄関で見送った後、すぐに朝の掃除に取りかかることを習慣にしています。一連の流れにしておくと、億劫だと感じることも少なくなり「さっと済ませてしまおう」という意識が働くのです。

まずは玄関をほうきで掃くことからスタート。棚などの埃をハンディワイパーで拭き取って、掃除機をかけるまでが朝の掃除、ここまでが私の担当。夜、ウェットシートで床を拭くのは仕事から帰宅した夫の担当です。

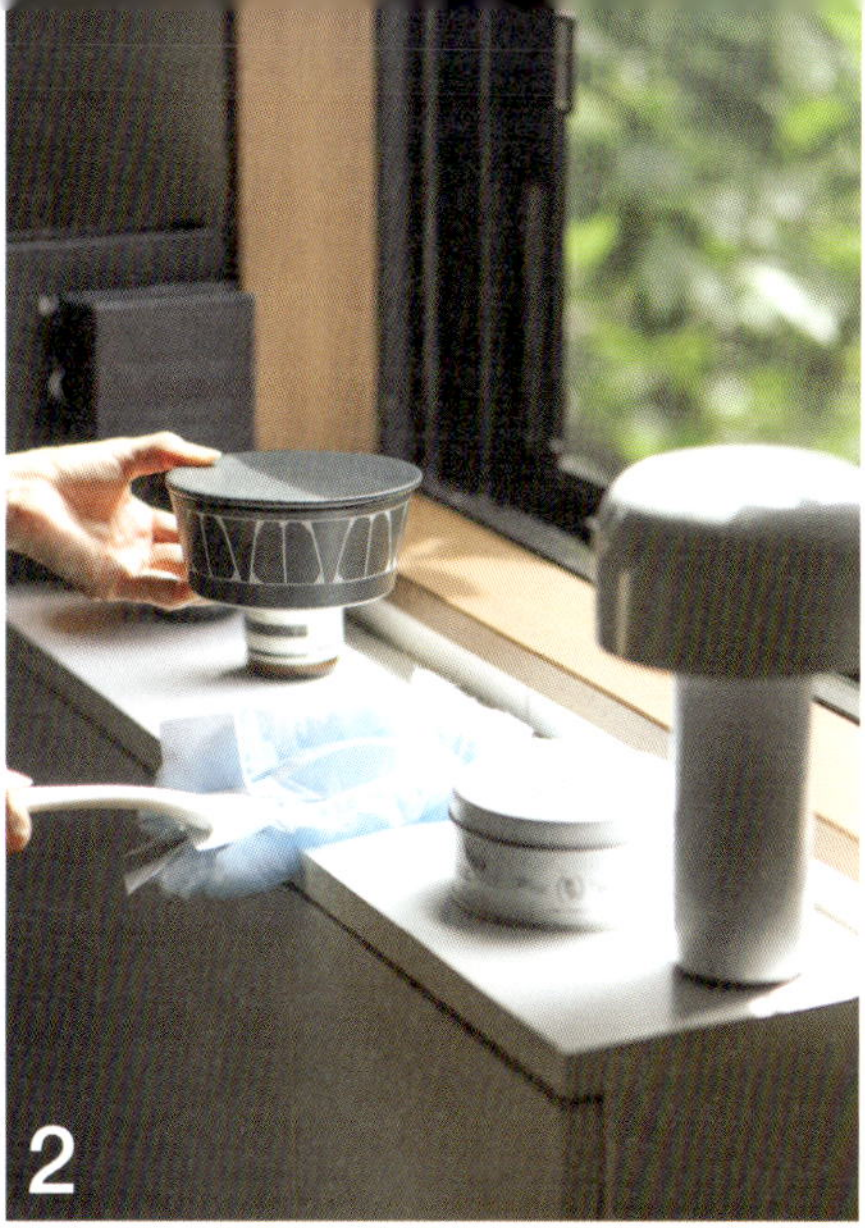

2

埃をはらう

棚は高いところから低いところへ、順に埃を拭き取り。夫も私もハウスダストアレルギーがあるので、毎日ささっとやっておくと、安心して過ごせます。

ウェーブ ハンディワイパー（ユニ・チャーム）

3

掃除機をかける

コードレスの充電式クリーナーは軽くてヘッドが小ぶりなので階段の掃除がしやすい。一度の充電で60分持つから途中で充電が切れることなく安心して掃除ができます。リビングのラグは、別売りの絨毯用ヘッドにつけ替えて、ハイパワーモードで。

通販生活のマキタのターボ60 アイボリー（マキタ）

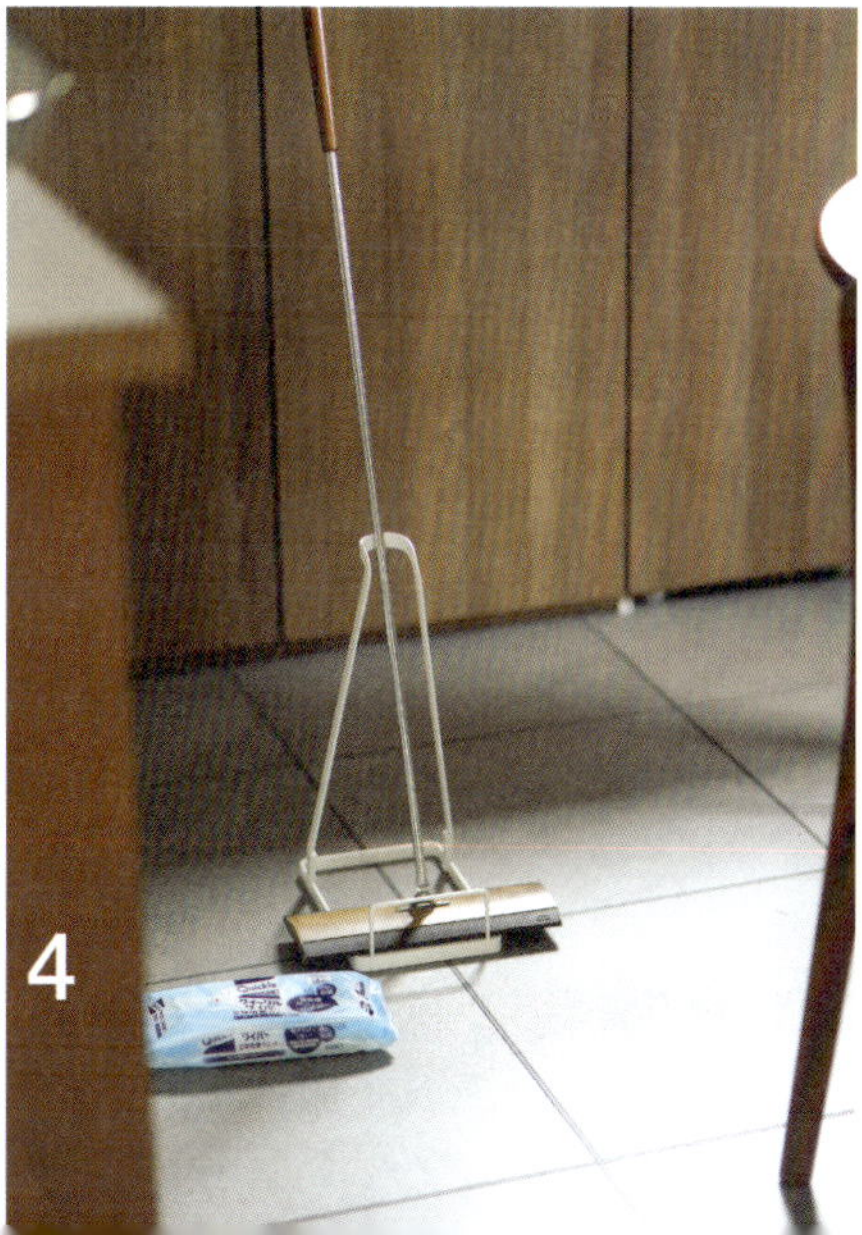

4

床を拭く

床をウェットシートで拭くのは、仕事から帰ってきた夫の担当。フローリング用ワイパーは手に取りたくなるデザインのものを10年以上愛用しています。使い終えたらスタンドに立てて。掃除用シートはこのワイプと相性がいいものを選んでいます。猫がいるので香りが残らないタイプを使用。

フロアワイプ ブラウン（ティディ）
スティッククリーナースタンド タワー（山崎実業）
クイックルワイパー 立体吸着ウエットシート 香りが残らないタイプ（花王）

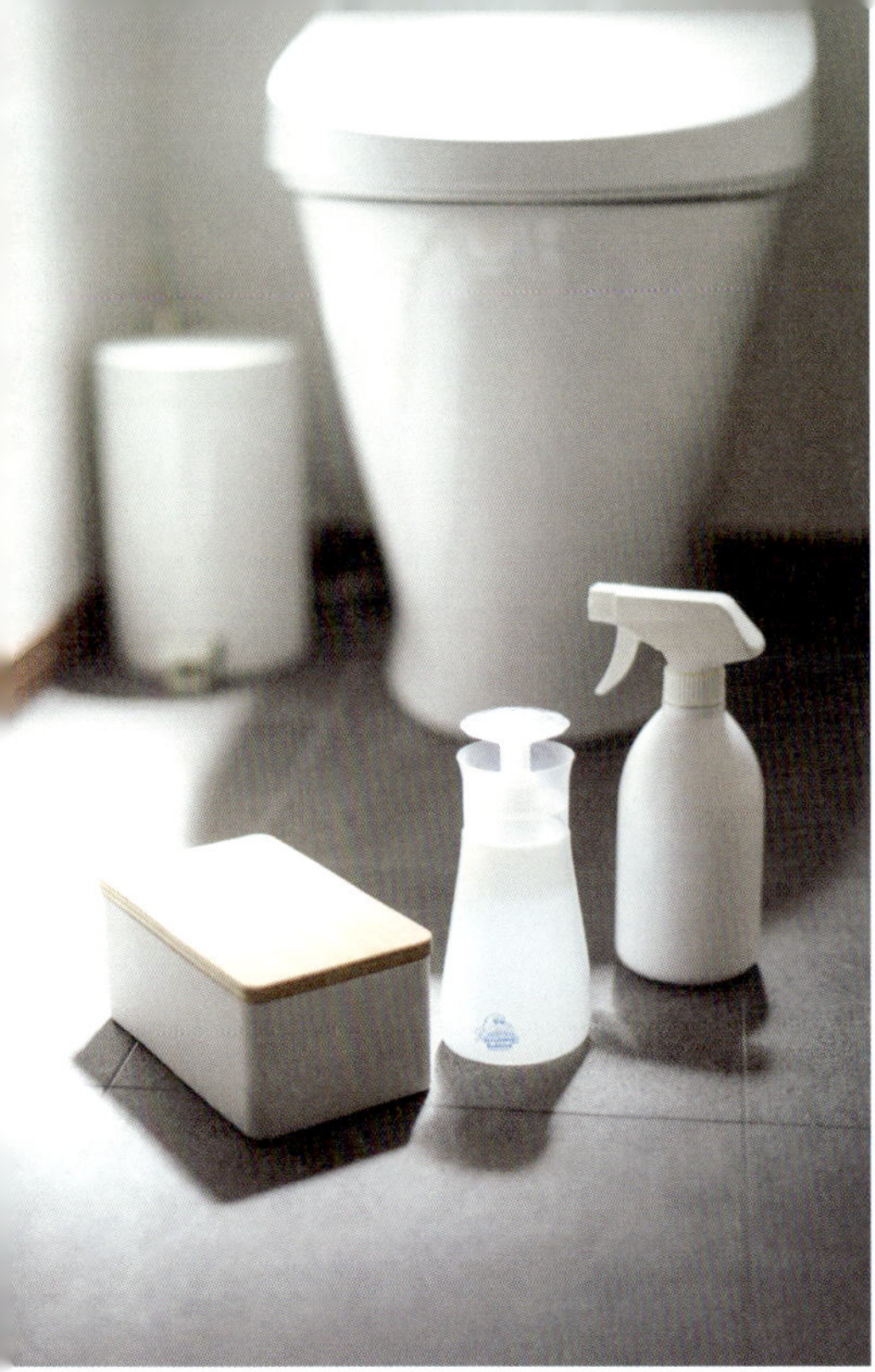

トイレ

トイレは毎晩寝る前に洗剤を吹きつけておいて、朝流すのを習慣に。これだけでも汚れが落としやすくなります。トイレ用洗剤は、ローズの香りで掃除の時も気分よく。汚れを見つけたら、流せるシートで拭き掃除をした後にアルコールで除菌します。すぐに取りかかれるよう、掃除道具はしまい込まずにトイレの隅に。パッケージが気になる洗剤や掃除シートはシンプルな容器に詰め替え。

トイレマジックリン消臭・洗浄スプレー香り消臭 エレガントローズの香り（花王）／スクラビングバブル アルコール除菌トイレ用（ジョンソン）／bottle.S 泡スプレー（クレス・ブランド）／ウェットシートケース リン ナチュラル（山崎実業）

水回りは使ったついでに小掃除

トイレや洗面所、キッチンなど、汚れやすい水回りは使ったついでに掃除しています。清潔に保ちたい場所だからこそ、汚れが軽度なうちに着手。汚れを見つけたらすぐ取りかかれるよう、掃除用具はそれぞれ手の届く場所に置いています。クロス類も使い捨てのものにして、気兼ねなく手を動かせるように。いつもきれいな状態にしておくと、気持ちよく使えます。

水回り以外の場所も、生活のリズムのなかで掃除することで、考えずに動けるようになりました。

洗面所

無印良品のマルチ洗剤は、これまで使っていたものより泡切れよく感じます。洗面所のほか、フローリングにも使っています。洗面台は、以前はメラミンスポンジを使っていましたが、カスが出るので今はシート掃除に。無印良品の掃除シートは、折り畳んだり丸めたりして細かいところも届きやすい。ざらついた面でこびりついた汚れも落としやすく、1枚で洗面台から水栓金具まできれいに磨けます。

家中が掃除できる 泡クリーナー（無印良品）／水回りの汚れ用 掃除シート（無印良品）

浴室

浴室は私か夫、どちらか最後に使った方が掃除するルール。洗剤をつけたスポンジで浴槽や床を磨いたら、シャワーですすぎます。さらに50度のお湯にして浴室全体にシャワー。除菌効果でピンクのカビが発生しにくくなります。ワイパーで水を切った後、残った水滴をタオルで拭き取り。大変そうですが、好きな動画を流しながらの10分ほどの作業。掃除後は浴室乾燥をオンにして、1時間室内をしっかり乾燥させています。

バスルームクリーナー シトラス（エコストア）／マグネット水切りワイパー タワー（山崎実業）

キッチン

食後、夫が食器を洗っている間に私はクッキングヒーターの拭き掃除を。まず食器用洗剤を吹きかけてスポンジで磨いたら、泡をキッチンペーパーで拭き取り。次にアルコールスプレーを吹きかけて、キッチンペーパーで拭き跡を取り除いたらおしまいです。IHになって格段にラクになりました。

キュキュット CLEAR泡スプレー（花王）／1日使い切りスポンジ（セリア）／激吸収キッチンタオル（ネピア）／パストリーゼ77（ドーバー）

外玄関

ハンディワイパーは2、3日で交換しています。捨てる前には、外の玄関ドア、インターホン、ポスト、門扉などの汚れを拭き取るようにしています。汚れを放置しがちな場所ですが、意外と目につくところ。この習慣で来客時も慌てることがありません。

リビング

ハンディワイパーでは取りにくい埃には手袋形の掃除用クロスが便利。指や手のひらで撫でながら埃が拭き取れるので、複雑な形の雑貨を持ち上げながら拭いたり、細かい隙間やブラインドを掃除したりするのに最適。ユーチューブの番組や音楽を聴きながらの、「ながら掃除」をしています。

マイクロファイバーお掃除手袋（セリア）

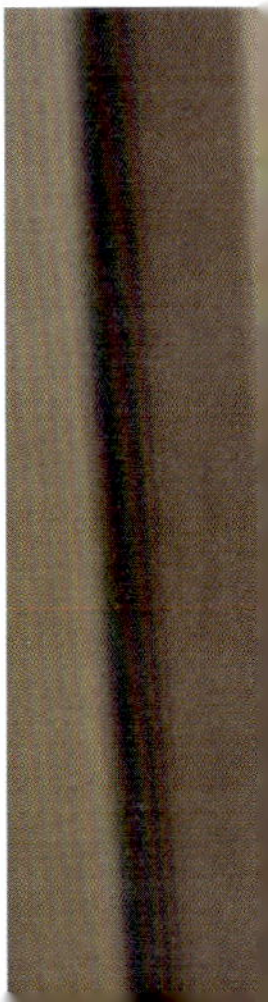

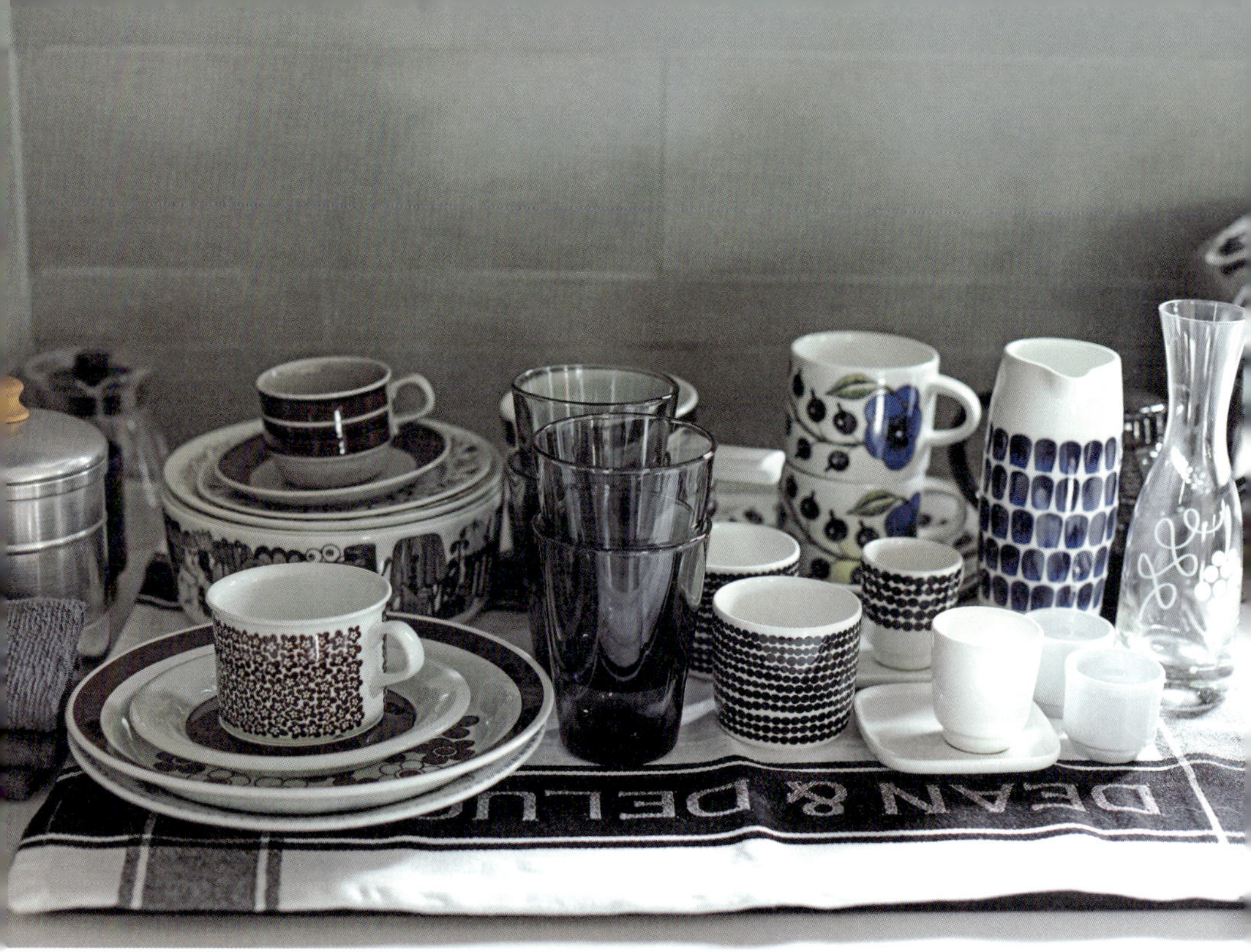

12月には、1日1段ずつ、数日に分けて食器棚の掃除を。食器を全部取り出して棚板を拭き、ガラスの器や磁器は軽く磨きながら元に戻していきます。この時にもう使わないものは友人に譲ったり、リサイクルショップに送ったりして整理しています。

大掃除は分割して進める

大掃除は年末に集中させずに分散させています。浴室乾燥機、クーラー、空気清浄機、除湿機などの分解掃除と、レンジフードの油汚れ掃除は、六月と年末の年に二回。年末だけだとどうしても汚れが溜まりすぎて大変ですが、半年ごとに対処しておくと汚れも軽度で落としやすく、負担が減ります。

年末は、これらに加えて外のテラス屋根や外壁、窓拭きなど大掛かりなことを。だいたい、三日ほどかけて夫と一緒に取り組みます。これが本当に大変なので、他の場所の掃除や片付けは十二月の月初から少しずつ着手。一日一か所と決めて引き出しを片付けたり、

玄関の掃除は最後。ハンディワイパーで埃を取り、洗剤と玄関用ブラシで磨きます。タイルの黒ずみは油汚れのことが多いため、キッチン用洗剤がよく落ちます。洗剤残りがないよう、仕上げに固く絞った雑巾で水拭きしたら終了です。

マジックリン ハンディスプレー(花王)
快適百貨 玄関タイルブラシスポンジ ハンディ(アズマ工業)

掃除する場所が一覧になっているリストはネット検索で見つけました。自分では気づけない項目も細かく挙がっているので時短になり、掃除漏れも防げます。

大掃除チェックリスト(サクラクレパス)

鍋の汚れを磨いたり、雑誌や本を整理したり。「やりたくないな」という日でも、狭い範囲を一か所だけと決めたら頑張れます。例年、十二月は比較的仕事量が少なくて時間に余裕があるので、少しずつ進めて、爽快な気持ちで新年を迎えるのが目標です。

夫が洗濯物を干した後は、洗濯ネットが必ず裏返っています。不要な夫婦喧嘩を招かないように、洗濯用ネットは両面使用タイプに。両面使えるとあって少し厚手なので、汚れがひどい場合は普通の洗濯ネットを使っています。

ポリエステル両面使える洗濯ネット（無印良品）

洗濯は手間を省いて

高層階のマンションの部屋から郊外の一軒家に住み替えて驚いたのは、庭に干した洗濯物に虫がついてしまうこと。夏場から秋にかけては特に困ってしまい、シーツなどの大物を除いて衣類はすべて室内干しに切り替えました。浴室の衣類乾燥機能を活用して、洗濯物が多い日や冬場は除湿機も併用して乾かしています。

室内干しだと臭いが残ってしまうため、洗剤は部屋干し専用のタイプに切り替え。洗浄力も高いので、部分洗いや予洗いの手間も減り、助かっています。そのぶん、すすぎは念入りに。注水で二回すすぐようにしています。

洗濯は部屋干しなので洗浄力・除菌力が高い洗剤、柔軟剤に切り替え。キューブ状洗剤と一緒に酸素系漂白剤も毎回投入して汚れや臭い残りがないように。洗濯槽の防カビにもなります。キューブ状洗剤はぬるま湯で濡らしてから洗濯機に入れ、軽く手で潰してから洗濯物を投入。この方法だと、溶け残りがありません。

アリエール ジェルボール プロ 部屋干し用(P&G)
ワイドハイター PRO 抗菌リキッド(花王)
ソフラン プレミアム消臭 ウルトラゼロ(ライオン)

以前はリネンのシーツをアイロンがけしていましたが、大変になってきたので今はアイロン不要のものに。このボックスシーツはよく伸びてしわなくきれいに装着できるので、シーツの取り替えが面倒になりません。肌触りもなめらか。

たて・よこストレッチ Nフィットシーツ(ニトリ)

食事に飽きない工夫

一日のなかで何より大切にしているのが、家族で食事をする時間です。夫婦で食卓を囲むのを楽しみたいのと、健康的な食事でこれからも元気に暮らそうと思うからです。

もともと私は、食事にそこまで関心がない方でした。食も細く、もし夫がいなかったら料理に興味がなかったと思います。対して、夫は食べることが好き。この家をリフォームすることとなり、どんな家にしたいかを相談していた際も、「キッチンに住みたい」と言っていたほどです。仕事から帰ってくると開口一番「お腹がすいたー」と言うので、「昨日も聞いたよ」と笑いながら返すのは毎日のこと。私の料理の腕は、夫のおかげで鍛えられました。

ここ十年ほどはふたりでキッチンに立つのが習慣になっています。私が料理している間、夫はそばで鍋や食器を洗ったり、調味料を取ってくれたり。支度をしている間、食事の時間を何より楽しみにしているのが伝わってきます。夕食の準備に取りかかるのが億劫に感じる日もありますが、夫と食べたいものを話しながらメニューを決めたり、食器を並べたりしているうちに、だんだんと「さあ作ろう」という気になります。

器は、一番多く持っていた時の三分の一ほどに減らしました。ピーク時の量は食器棚を見た引っ越し業者の方から「四人家族の食器より多いですね」と言われたほど。お客様が来た時用にと五客ずつ揃えた食器や、スタイリングの仕事で使っていたワインカラフェや徳利など、お酒を飲まない我が家ではなかなか日の目を見ないけれど、いつ

サラダ用の野菜の下準備のほか、豆のマリネやきんぴら、青菜のお浸しなどのおかずを週に一度作り置き。野菜はつい扱い慣れた、同じものを手に取りがちだけれど、偏らないように心がけて。新種の野菜や珍しい野菜も取り入れて、食卓に変化がつくようにしています。

か使うかも？　というカテゴリーのものがたくさんありました。
これらをコロナ禍を機に一気に整理。窮屈な食器棚は使い勝手も悪く、見た目にも心地よくありません。基本的に器は二客ずつ残して、それ以外は手放しました。五客セットで残しているのは数種類ほどです。
とはいえ、まだまだ器は多い方だと思います。夫婦で会話しながらのんびり過ごせるのは、食事の間ぐらいだから、毎日の気分に合わせて選べる程度の食器は揃っています。その日あったことを話しながらテーブルセッティングするのも好きなひととき。お正月や節分、ひな祭りなど、季節の行事に使う器もまだ残したまま。イベントに合わせて食卓を彩るのは心が豊かになり、日常のいい

アクセントにもなります。
　この五年での外食はわずか五回ほど。そのうち三回は友人と観劇に行った時のランチなので、ほとんど家で食事をしています。だからこそ、料理を作ること、夫婦で食卓を囲むことに飽きないように工夫を凝らして。調理道具も、器も、少しずつ変化をつけながら、新しい食材も取り入れて。適度に気分転換しつつ、これからも食事の時間を楽しめたらと思うのです。

キッチンの食器棚。上中下と3か所に観音開きの扉がついていて、上段（写真右）には正月などの季節物の器やお重、お茶の道具やヤカン（電気ポットが壊れた時や災害時用）などを、下段（写真左）には日常使いの和食器やコーヒーカップ、お盆などを収納しています。

この日のメインメニューはグリーンカレー。ティーマのプレートにカレーを、サラダはウルティマ ツーレのガラスボウルに盛って取り皿もお揃いに、白い磁器のカップにはフルーツヨーグルトを盛る予定。オーバルの器にはデザートを。

ティーマ プレート 26センチ ホワイト（イッタラ）／ウルティマ ツーレ ボウル 20センチ（イッタラ）／ウルティマ ツーレ プレート 19センチ（イッタラ）／オーバルプレートL デューホワイト（イイホシユミコ）

好きな器を厳選して食卓を彩る

今、食器棚に残っている器はほとんどが磁器やガラスのもの。なめらかで口当たりがよく使い心地がいいこと、陶器に比べて軽いこと、使った後の手入れが大変すぎないことが、愛用の理由です。その多くは北欧の器。特に気に入っているのはウルティマ ツーレやパラティッシ、二十年以上前に初めて手に取ったフローラ、私と同じ年のカステヘルミなど。それぞれに思い入れがあります。私が料理好きになったのも、北欧の器のおかげ。器を並べながら「今日はどんな食卓にしよう」と

食器棚の中段にはグラス類やよく使う器を。インテリア同様、北欧の自然を模して作られた美しい器に惹かれます。

考えるのが、料理を作る一番のモチベーションになっています。
食事にあまり手をかけられない日は、存在感のある色柄物の器に盛りつけて見栄えを補ってもらうことも。ものに助けられているとしたら、もっとも支えてもらっているのは間違いなく北欧の器です。

(左上から)ピコ・ココット 14センチ ラウンド(ストウブ)…ジャムやコンポート、アヒージョに
ワナベ 16センチ(ストウブ)…野菜や卵を茹でたり、1人分の鍋焼きうどんに
ワナベ 18センチ(ストウブ)…味噌汁、スープに
ブレイザー・ソテーパン 24センチ(ストウブ)…すき焼き、鍋料理、アクアパッツァに
ピコ・ココット 20センチ ラウンド(ストウブ)…カレー、シチューに

鍋は2センチ刻みで揃える

長く愛用していたホーロー鍋の取っ手が折れたり、ホーローが少し剥がれてさびたりしたタイミングで鍋を新調しました。キッチンの熱源がIHになりお湯を沸かすのに時間がかかることもあって、選んだのは熱伝導率のよいストウブの鍋。もともと14センチと20センチの鍋と、24センチのソテーパンを持っていましたが、四年ほど前に18センチの鍋を買い足しました。底が丸くなっている和鍋のフォルムで、ご飯はもちろん、和食の煮炊き物が美味しく仕上がります。

使い勝手がよかったので、16センチも追加。鋳物の鍋は重さが気になりま

休日のランチはバゲットを買ってきてアヒージョに。14センチの「ピコ・ココット」なら、オイルが少なくて済みます。具材は冷凍えびとしめじとセロリ、仕上げにイタリアンパセリ。鍋ごと食卓に出してもさまになります。

18センチの「ワナベ」でご飯を炊いたら美味しくて、最近はずっと鍋炊き。炊飯器で炊くより時間がかからず、何よりふっくら美味しく炊けます。蓋を開けた時のお米の香りが違います。

すが、常に持って料理するわけではないので、実際使っていてもそう負担に感じません。八十代の義母が、同じく鋳物ホーロー鍋のル・クルーゼを長く愛用している姿も見ています。

　鍋に関しては大は小を兼ねません。それぞれの料理に「ちょうどいい大きさ」だと作りやすくて美味しくなるので、2センチ刻みを基準に揃えています。

熱効率のよいカセットコンロは薄くてシンプルなデザイン。焼き肉専用のプレートだと、水を張ったお皿に脂が落ちてお肉をヘルシーにいただけます。
カセットフー アモルフォ プレミアム（イワタニ）
焼肉プレートL（イワタニ）

家焼き肉で気分転換

コロナ禍に気分を変えたくて、防災用のコンロで焼き肉をしてみたら、お肉が美味しくて食が進みました。それを機に専用のプレートを購入。タンパク質をしっかり摂れたらと月に何度か焼き肉の日を作っています。

ただし油はねの掃除は大変なので、準備は入念に。テーブル上のライトは外し、あらかじめ百円ショップで購入したテーブルクロスを敷いて、焼き肉後は丸めて捨てられるように。何度か試すうちに、窓は閉めて、換気扇をフル稼働させると油が舞いにくく、床などが油っぽくならないこともわかりました。

市販のたれを自分好みにアレンジ。塩だれとごま油を3：1の割合で混ぜて、山椒入りラー油とブラックペッパーを少量プラス。さらに酢玉ねぎやポン酢を加えてさっぱりいただきます。

焼き肉用のトング。肉を1枚ずつつまみやすく、フライパンで生姜焼きを焼いたり、薄切り肉を鍋に入れてしゃぶしゃぶにしたりする際にも活躍。置いた時にトングの先がテーブルにつかない形。

18-0クレーバートング エコノミータイプ（トーダイ）

家でなら、外食に比べてかなりお得に美味しいお肉が食べられて、いつもとは違った雰囲気で食卓を囲め、気軽に気分転換が叶います。

十年続けているベジ・ファースト

十年以上前から、我が家ではベジ・ファーストを続けています。朝食にも夕食にもサラダや野菜スープを欠かさずに。特にサラダはたっぷり用意して、食事の最初に食べるのが習慣です。

きっかけは、夫の健康診断。「高脂血症の疑いあり」と診断を受けて夫婦で一念発起しました。義父に糖尿病の持病があり、遺伝すると聞いていたことも頭にありました。

私はもともと野菜が好きで、食材のなかで一番好きなものはきゅうり。だから野菜をたくさん食べられるのは大歓迎なのですが、がっつり食べたい夫は別です。サラダを美味しく食べられるよう、シェフのレシピ本を参考にして味つけに凝ったり、フライドオニオンやナッツをトッピングしてコクをプラスしたり、目新しい野菜を取り入れて変化をつけたりして、楽しみながら工夫しています。

サラダは簡単そうで実は手間がかかります。野菜を毎食洗って、水を切って、としていると時間もかかって大変なので、まとめて下処理を済ませておくようになりました。食材の買い出しに行った翌日にその先一週間分の野菜の下ごしらえをするのが習慣です。

まずはガラスの保存容器をアルコールで消毒してキッチンカウンターに並べておきます。次にサラダ用の葉野菜をそれぞれ「五十度洗い」。五十度に設定した給湯器のお湯を使っています。サラダスピナーで水を切ったら、キッチンペーパーを敷いた保存容器に野菜を入れていきます。この方法だと葉野菜がシャッキリして、長持ちします。トマトはヘタを取って洗っておく、スプラウトも

作り置きした野菜やおかずはガラス製の保存容器に。冷蔵庫に収まりがいいスクエア形のものと、浅漬けや酢漬けなど水気があるものを保存するために高さがあって密閉できる容器を使っています。ガラスだと中身や残量がひと目でわかるので勝手がよく、色やにおい移りもなく使えて清潔に保てます。

パック＆レンジ（イワキ）
モールドシェイプ250／500ミリリットル（ウェック）

(右)作り置きを終えて一杯になった冷蔵庫。この様子を眺めていると、この先の1週間も頑張れる気がします。

(下)作り置きを終えた日の夜は、味見がてら野菜やフルーツを盛り合わせてワンプレートに。リムがないフラットな皿は、小さなココットを載せることもでき、自由に盛りつけられます。深みのあるグレーは野菜の色をきれいに見せてくれます。

チェルキオ 9寸皿 ダークグレー(スタジオエム)

洗って湿らせたキッチンペーパーに包んでおく、パプリカを細切りにしておく、人参はラペにしておく……と、ちょっとした下準備を済ませておきます。こうしておくと、食事の時は盛りつけるだけでいいので、うんと負担が減ります。

サラダの下準備以外にも、フルーツを洗って食べやすくしておいたり、肉や魚をマリネしておいたり。調理を少しだけ前に進めておきます。途中休憩をしたり、動画を流し見したりしながら作業をしていると、あっという間に四、五時間が過ぎています。それでもこの作り置きがあると、平日に夕飯の支度に向けて焦ることがなくなって、腰が重い日でもなんとか乗りきれます。

冷蔵庫の作り置きが尽きて、買い物に行くのも億劫だったり、少し疲れていたりする日はレスキューアイテムの出番です。それは簡単に味が決まる便利な調味料や冷凍食品のこと。特に冷凍野菜には何度となく助けられています。産地で旬のものを冷凍している商品は、価格も味も安定していて、時期によっては冷凍の方が味がよいことも。

近くのスーパーでオーガニックの和風野菜や洋風野菜をミックスした冷凍野菜も揃うから、これらを使えばカレーもシチューも煮物も、気負わずに作れます。

頑張ろうと思っても疲れが抜けなかったり、詰め込みすぎると次の日がつらくなったり。今は毎日に余白がないと息が詰まってしまうこともあるから、作り置きと市販品を駆使しながら家で健康的な食事習慣を続けていけたらと思います。

時短ご飯を助ける食材

シチューは、野菜の皮をむいて切り、お肉を炒め、煮込んで……と考えると大変ですが、冷凍野菜とベーコンで作れば手間がかからず、忙しい日の時短料理になります。コンソメとベイリーフを加えると一層風味がよくなり、仕上げにフライドオニオンやクルトンを散らすと、食感のアクセントになります。ブラックペッパーはお好みで。パンとサラダを添えたら、バランスのよい食事に。

シチュー・ド・ボー（ハウス食品）
オーガニック洋風野菜ミックス（トップバリュ）
もちもち里芋（ヤマサン食品工業）
フライドオニオン（クアンプルン）
クルトン（武蔵野フーズ）

具だくさんのお味噌汁があれば、何はなくともホッとします。だしは茅乃舎の焼きあご入りのパックだし、味噌は慣れ親しんだ大分の合わせ味噌、豆腐は大豆の風味がしっかり感じられる木綿豆腐を使うのが我が家の定番。忙しい時は和風野菜ミックスを使ったり、コクが出る豆腐団子やきざみ揚げを具材にしたり。旨味が足りなかったら「まほうだし」をほんの少し入れると味が決まります。仕上げにきざみネギと、いつも冷凍常備している柚皮と山椒を添えて。

茅乃舎だし(久原本家)
生詰減塩あわせみそ(フンドーキン)
美味しいとうふ木綿(さとの雪食品)
オーガニック7品目の和風野菜ミックス(トップバリュ)
ごぼうとひじきの豆腐団子(スマイルクック)
国産米油使用手揚げ風 きざみ揚げ(トップバリュ)
まほうだし(光浦醸造工業)

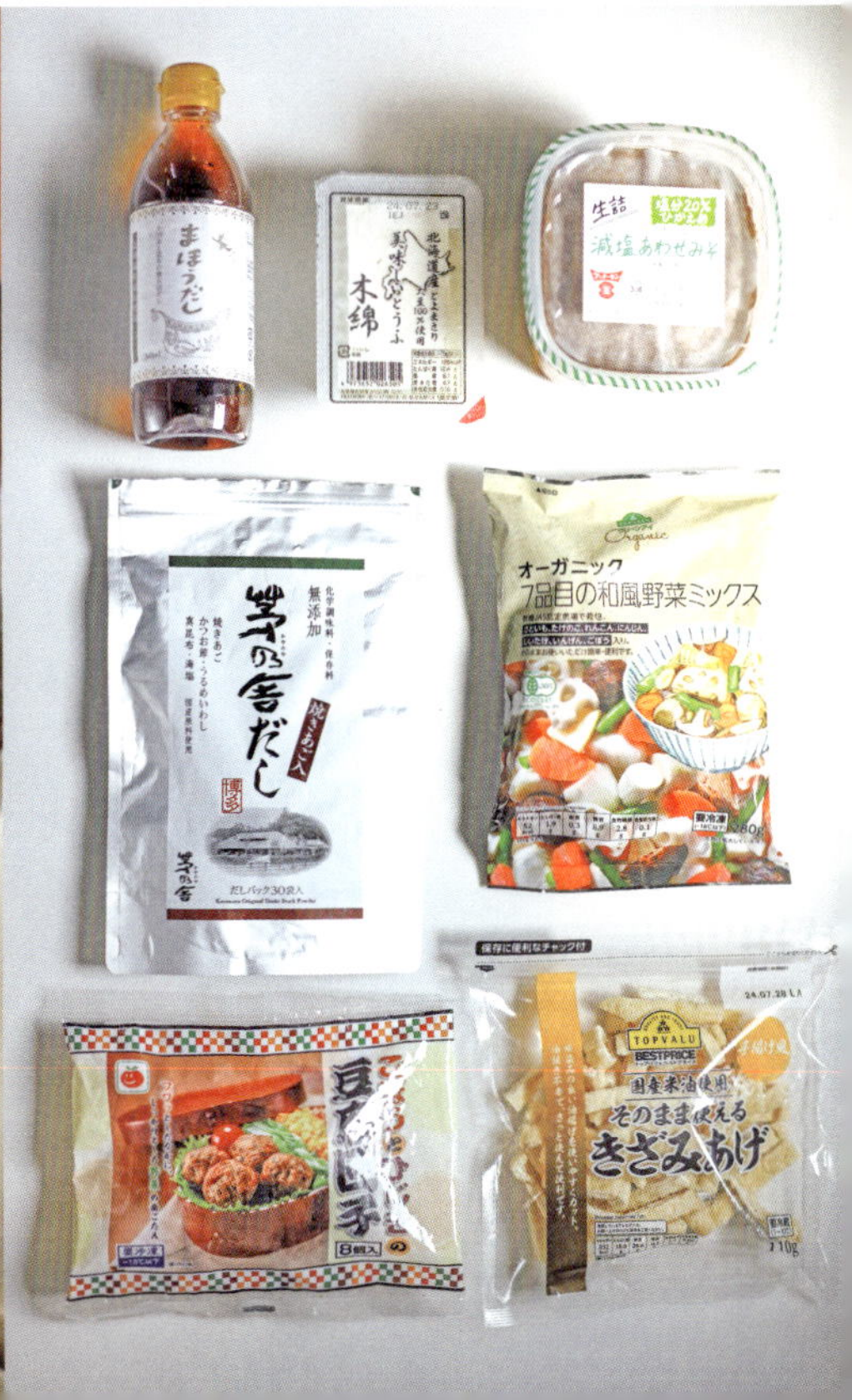

時短ご飯を助ける道具

作り置きの際は清潔が第一。食材に触れる時は食品用のニトリル手袋をして、まな板やキッチン台もこまめにアルコール消毒を。台の水はねを拭き取るのは、吸水性の高いマイクロファイバークロスや、使い捨てできるペーパータオルを活用しています。

ニトリルグローブ(マツヨシ)
使い捨てマイクロファイバークロス(ニトリ)
クレシアEFハンドタオルソフトタイプ200スリムEX(日本製紙クレシア)

刃幅が広くて切れ味がなめらかなピーラー。ステンレス刃のおかげで、じゃがいもの皮むきやアスパラの筋取りが力を入れずにできます。グリップも、握った時に手に馴染む太さ。ラペを作り置きするのに人参を何本も削っても、手が疲れなくなりました。

Y型ピーラー(オクソー)

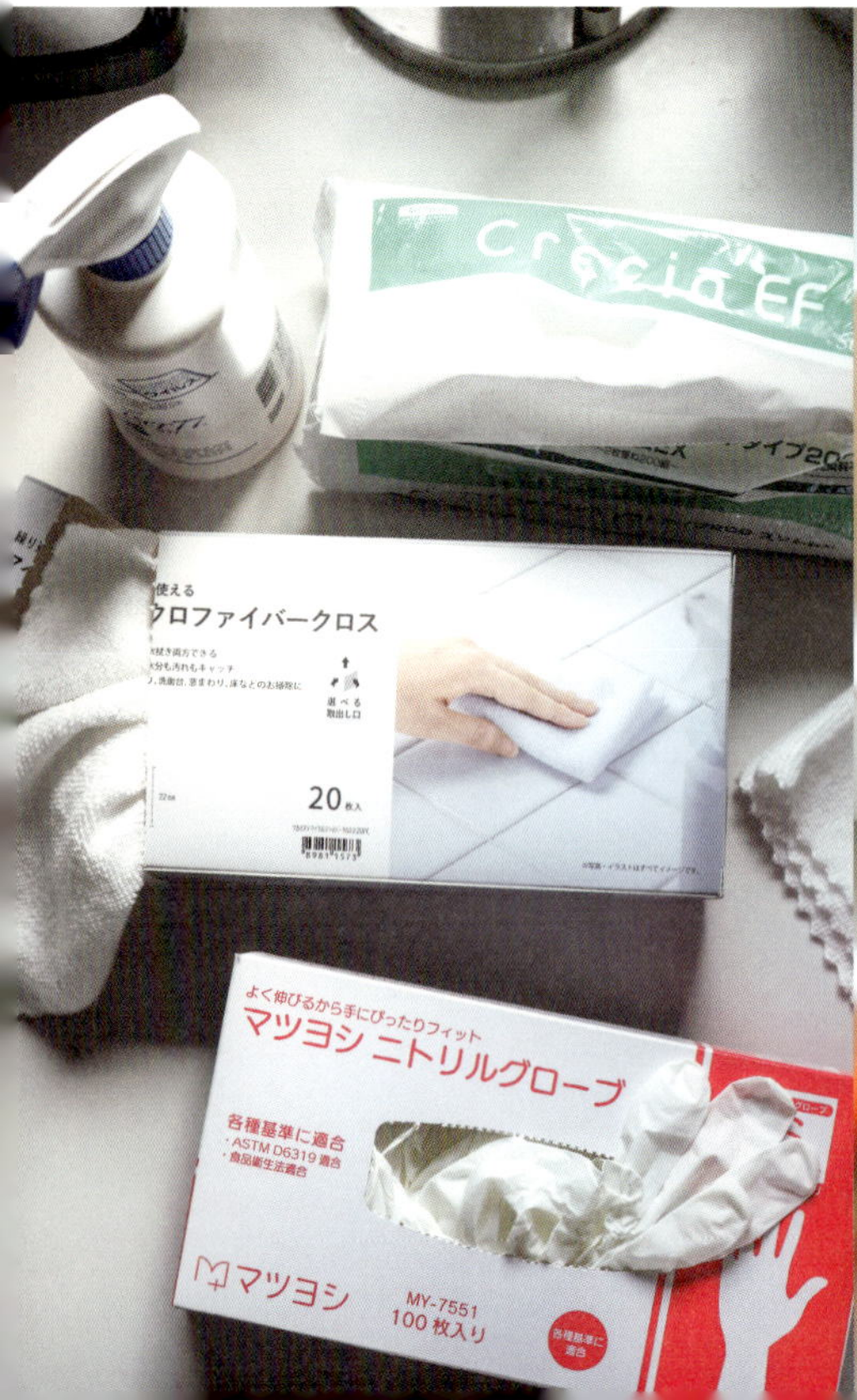

ふたり暮らしの食事作りにちょうどよいサイズ感のチョッパー。毎週欠かさず作っている玉ねぎの酢漬けのためのみじん切りが、あっという間にできて感動。もっと早く使えばよかったと思っているところです。ステンレス製で清潔を保て、手入れもラク。

フードプロセッサー(リンクシェフ)

洗い物が大量になる時は、大判サイズで水分をよく吸ってくれるキッチンタオルが頼りになります。タオルバーがリビングからよく見える位置にあるので、インテリアに馴染む色柄も選んだ理由です。

エジプトティータオル ジェットブラック(ジョージ ジェンセン ダマスク)

ちょっと口寂しい時はそら豆のチップスでタンパク質を補給。

ヨーグルトにシリアル、バナナは甘いものが食べたい時の間食の定番。

好きで、体にいいものを間食に

もう七、八年、昼食はしっかりとらず軽めに済ませています。お昼に普通に食べてしまうと少食な私は夕食が食べられなくなり、かといって昼間何も食べないと夕食後にすごく眠くなってしまいます。というわけで朝食は普通に食べて、その後十一時、十三時、十五時と二、三回に分けておやつ程度のものをとるように。この食べ方は血糖値が安定するようで、実際に体調もいいので続けています。間食は不足しがちなタンパク質や食物繊維、カルシウムなどの摂取を意識。美味しくて体にいいものを少しずつ頂いています。

干し芋は少し温めてゴマを振りかけて。お通じがよくなります。

カルシウム豊富な小魚とナッツのパック菓子。温かいお茶と一緒に。

プロセスチーズに冷凍ベリーを添えて。きれいに盛りつけると満足感もアップ。

小腹が空いたら納豆を。食物繊維豊富な黒豆納豆をよくいただきます。

好きな飲み物を気軽に楽しむ

かつて二十歳そこそこでセレクトショップの店長兼バイヤーを務めることになり、さまざまなブランドのアトリエを訪ねていました。訪問先ではたいていブラックコーヒーが出されたのですが、まだコーヒーの味がわからない私は、大人ぶって無理をしながら飲んでいました。でも毎日のように飲むうちに、少しずつその美味しさがわかるように。いつの間にか大のコーヒー好きになりました。

夫もコーヒー党で、そのうちふたりしてどんどん濃いコーヒーを好むようになり、少し前までは「ネスプレッソ」で淹れるエスプレッソをおやつタイムや食後に飲んでいました。それがここ数年でしょうか、だんだんと濃いコーヒーが飲みきれなくなることが増えました。夫も同じで、年齢的にカフェインが胃に重たくなってきたようです。

しばらくはコーヒーを薄めにドリップして淹れていましたが、次第にそれも面倒に。そんな経緯で購入したのが「ドルチェグスト」です。「ネスプレッソ」と同じくカプセル式のコーヒーメーカーですが、「ドルチェグスト」は軽い味わいのコーヒーが揃っていて、コーヒー以外のメニューも豊富とあって選ぶ楽しみも増えました。

少し前までは、時間をかけて丁寧に淹れるお茶の時間を大切にしていました。お抹茶にはまっていた頃は、毎朝、家事が終わってひと息つくタイミングで薄茶を点てていただくことを習慣にしていました。静かな部屋で茶せんをかき回し、一気に飲み干すと背筋がしゃんと伸びるような気がして、この時間が好きだったのです。

「ドルチェグスト」は購入前に無料でマシンを借りられるサービスを利用。しばらく試してみて私も夫も気に入ったので購入を決めました。

ネスカフェ ドルチェグスト ジェニオ エス プラス（ネスレ）※写真中央
ネスプレッソ カプセル式コーヒーメーカー ピクシーツー チタン（ネスレ）※写真右
アクセル マグカップ ブラウンS（宝泉窯）

変わらずお抹茶は好きですが、今は茶道具を出すのは来客やお花見の時ぐらい。歳を重ねると水分が不足しがちだから、カフェインはほどほどに、水分チャージも忘れずに。私は集中していると水を飲むのも忘れてしまうので、家で家事や仕事をしているとふと唇が乾いてきて、「そういえば朝から何も口にしていなかった」と気づくこともあるほど。加齢とともに喉の渇きに鈍感になるとも聞くので、手間をかけすぎずに水分補給することを大切にしています。

茶こし付きティーカップでひとりのお茶の時間。ガラス製なのでお茶の色から飲み時もわかりやすい。便利なティーバッグは紙製ではなくナイロンメッシュのタイプがお茶の香りを邪魔しません。

加賀ほうじ茶 ティーバッグ(丸八製茶場)

好きなお抹茶も「ドルチェグスト」で手軽に。おやつに合わせて湯量を変えて濃さを調節。

ネスカフェ ドルチェグスト専用カプセル 宇治抹茶(ネスレ)
kakudo プレート チェリーS
(高橋工芸)

ラベルレスのミネラルウォーターを箱でストック。ラベルを剥がすのも毎回となると面倒で、このひと手間がないと随分ラク。ボトルのカットデザインも好み。

by Amazon 天然水 ラベルレス（アマゾン）／スタブ グラス 210ミリリットル（ホルムガード）

朝起き抜けに炭酸水を飲んで体を目覚めさせます。夏場は冷凍したぶどうやいちご、レモンスライスを氷代わりに。ラベルレスの炭酸水はアマゾンで購入。

強炭酸水 ミネラルストロング ラベルレス（伊藤園）
レンピ（イッタラ）※写真左

大切なノート習慣

私にとって「書くこと」はとても大切な習慣です。言ってみれば「メモ魔」。なんでも一度書き出さないと気が済まないところがあります。だからノートや手帳は暮らしの相棒とも言える存在です。スケジュール管理も当然、スマホではなく手書き派。スマホで小さい文字を拡大して確認したり、週単位や月単位のスケジュールを見るのにズームアウトしたりするよりも、パッとひと目で詳細も全体像もわかった方が使い勝手がいいのです。

以前は数冊のノートを使い分けていました。スケジュール管理用、仕事用、家用、家計管理用と分けてそれぞれに予定やメモを書き込んでいました。

それが変化したきっかけがコロナ禍です。出張したり、撮影で数日不在にしたりすることがなくなり、ノートを出先に持ち歩かなくて済むようになりました。それならばと二〇二〇年からは、ノートを一冊に集約させることにしました。選んだのは、十二か月のマンスリースケジュールに、たっぷりフリーページがついた二部構成のノート。書き込みやすいようサイズも大きめのA４サイズに。この一冊に、家族の予定や仕事の締め切り、支払いの期限からサブスクの解約予定まで、書き込んで管理しています。あれこれ重なってくると、どうしても忘れっぽくなるから、こうやってなんでもノートに書き記しておくことが、お守りでもあります。

朝、夫を送り出して家事を済ませたら、コーヒーを飲みながらダイニングテーブルにノートを広げるのが日課です。その日の予定と、少し先までのスケジュールを確認し、一日の動きを頭に入れ

ここ数年、手帳はミドリのマンスリーを使用。見開きの月間カレンダーの周りにはたっぷり余白があるから、書き込みやすい。同じくMDペーパーで作られた横罫入りの付箋に買い物リストを作成したら、ノートの余白ページに貼りつけておき、出かける時に持って出ます。使うペンは0.7ミリのフリクションボール。予定が変わった時に消せ、老眼でも見やすいので長く愛用中。

MDノートダイアリー〈A4変形判〉薄型（ミドリ）
MD付せん紙〈A7〉横罫（ミドリ）
フリクションボールノック 0.7ミリ ブラック（パイロット）

ます。ノートはマンスリースケジュールのページを終日開きっぱなしにしていて、事あるごとに書き込めるように。カレンダー代わりにもしているので、夫とスケジュールをすり合わせるのもこのノートを見ながらです。それとは別に、後半のフリーページに日付を記入し、その下を一日のメモ欄として使っています。ここには仕事のメモやアイデアを書き込んだり、計算のスペースにしていたり。一日の終わりに、その日の出来事を記録することもあります。

　ノートをつける習慣はもう四十年以上続いています。使用済みのノートはたまに見返すので保管してあるのですが、先日ノートを入れた箱が二箱を超えたので、古い一箱分は処分しました。それでもここ十数年分のノートはまだ残したまま。家電の購入時期だったり、処方された薬の名前だったり。遡《さかのぼ》りたい記録はすべて記されているので、「あれ、なんだっけ？」という時に正確な答えが見つかります。何か迷いがあっても、自分の文字に勇気づけられることも多いので、少し先の自分のためにもノートに綴る毎日です。

使い始めて5年目になるスケジュールノート。ダイニングテーブルで使うので、汚れ防止に必ず別売りのビニールカバーをかけて。表紙には毎年好きな写真を挟んでおき、表紙を見ればいつのものかがわかるようにしています。

MDノートカバー A4変形判(ミドリ)

デスクの相棒たち

三十代になったばかりの頃、ある方からいただいた手紙の字に目を奪われました。誰もが認める美文字とは少し違うかもしれませんが、伸びやかでやさしい字。「こんな字が書けたら」とその手紙をお手本に練習し、そこに自分らしさも加えて、好みの字が書けるようになりました。その後五十代で「もう少し大人らしい字に」と思いたち、書店で硬筆用のテキストを購入して練習しました。基本をおさらいしたら自信がついて、まだ手書きしている年賀状やお礼状も緊張せずに書くことができています。道具の存在も大きくて、書きやすい紙とペンは必需品です。

仕事をする時、ダイニングテーブルに敷く合皮のマット。色やサイズが選べて、自分でカットもできるから、テーブルにぴったり合わせられます。色は家具に馴染むブラウン。文字を書くのにもよく、防水なのでグラスを直接置いても大丈夫。アマゾンで購入。

テーブルマット ブラウン L (Aothia)

洋書のように見えて表紙を開くと実は小物入れ。小さい方にはフリクションの替え芯を、大きい方にはテープのりや修正テープなどを入れています。ダイニングテーブル近くの棚上が定位置で、椅子に座ったまま手に取ることができます。

無理をしすぎずにイベントを楽しむ

夫の実家を初めて訪問した時のこと。食事の支度をしてくれていた義母がテーブルに土鍋を運ぼうとして落としてしまい、土鍋にヒビが入りました。その時、義父も夫の弟も妹も義母を責めず、「この土鍋でご飯を炊いたらいいね」と明るく慰めるのを見て、いい家族だなあと思いました。

私の両親は共働きで食事の時間がバラバラだったこともあり、家族団欒の食卓も眩しく映りました。夫は私より六つ年上なので、義理の妹と弟が私と同世代。結婚してからも、義父母は「長男の嫁」というより新しい娘のような感覚で可愛がってくれ、それは今も変わりません。

結婚当初、義父母とは少し離れた場所に住んでいましたが、夫の実家にはしょっちゅう顔を出していました。皆の誕生日や、母の日・父の日には私たちがケーキを買って持っていくのが恒例に。その後、義弟も義妹も結婚して家庭を持ちましたが、両親の誕生日や記念日、お正月などは皆で集まり、ケーキを食べて祝う習慣は継続中。九年前に義父は他界し、家族が思うように会えないコロナ禍を挟んで、また近年は集まるように。今では甥っ子が結婚し、姪っ子も社会人になり、すっかり皆大人なので、仕事の都合がつく日を相談しつつ、義母を囲んで賑やかに過ごしています。

イベントの二週間ぐらい前になると義弟や義妹と電話で連絡を取り合って「誕生日プレゼントは何にする?」「食事はどうする?」と相談するのが常です。そのついでに近況を話したり、互いの健康状態や家のことを共有したり。歳を重ねるにつれ親戚同士疎遠になってしまうケースが少なくな

記念日や誕生日には門司港にある焼き菓子店「BION」まで足を延ばして。
夫婦揃って好きなフルーツタルトでお祝い。

プレート大 tambourine（ミナ ペルホネン）

いと聞くなかで、私は恵まれていると感じます。一緒に過ごした時間が絆になるとしたら、事あるごとに集っていたおかげかもしれません。コロナ禍やそれぞれの事情で会えない期間があっても、「今年は会えないね」と電話をしていました。みんなで集えるのもあと何年だろうか？　という気持ちも手伝って、できるうちは「イベントはちゃんとしよう」と思っています。

私たち夫婦の間でも、結婚記念日やそれぞれの誕生日を大切にしています。若い頃は外食したりプレゼントを贈り合ったりもしましたが、今はぐっと簡素化。数日前に夫に食べたいものを聞いて、ちょっとだけ豪華な夕食にしています。それでも、その日に向けて花を買ったり食材を揃えたり、どんなテーブルにしようか考えたりする時間は、変わり映えしない毎日のアクセントに。頑張りすぎないように注意しながら、ちょっとだけ気合いを入れて用意することで、気持ちの張りにもなっています。

夫から贈られた誕生日プレゼント。プレゼントはお互いマストではないけれど、出版した本が30冊目という記念とも重なり、私が長年欲しがっていたものを贈ってくれました。このコーヒーカップの名前「ルスカ」は、フィンランド語で「秋」の意味。誕生日が秋なので嬉しい偶然でした。

ルスカ コーヒーカップ＆ソーサー（アラビア）

クリスマスの時期、庭のガーデンテーブルには真紅のシクラメンとキャンドルを飾ります。キャンドルホルダーの色もクリスマスカラー。鮮やかな色合いが、寒い冬の庭に彩りを添えてくれます。

キビ キャンドルホルダー クランベリー(イッタラ)

クリスマスの飾りは毎年同じに

十年ほど前までは、季節や行事の飾りつけを頑張っていました。特にクリスマスは一大イベント。毎年デコレーションを変えたくて、「今年はどんな感じにしようか」と秋口から計画を立て、ガーランドを飾ったり、キャンドルを用意したり。玄関先に飾るリースも、生花店で材料を買ってきて手作り。枝が乾くと曲げにくくなるので早めに作ってしまいたくて、愛猫に邪魔されない夜中に黙々と作業していました。

でも、そうやって飾りつけに凝れば凝るほど、片付けは大変に。クリスマスが終わるとすぐにお正月なので、焦

玄関の飾りつけはここ数年同じ。LEDランプがついたブランチツリーの土台が隠れるよう、周りに薩摩杉を配したシンプルなクリスマスデコレーション。ブランチツリーはタイマー付きなので夕方18時から夜中の0時まで点るように。薩摩杉がドライになっていくさまも素敵です。

ブランチツリー　雪積もりツリー（Hairui）

よく訪れる雑貨店「チャビット」で見つけたキャンドルホルダーとLEDのスティックキャンドル。もみの木の枝も添えてクリスマスの時期にキッチンの小窓に置いています。

キャンドルトレイ グレー（チャビット）

りながらしまうことになります。
好みの飾りつけができた達成感よりも片付けの面倒さが上回ってきたここ数年は、毎年同じ飾り方にしています。このささやかなしつらえが今の生活には馴染むようで、穏やかな気持ちでクリスマスシーズンを楽しんでいます。

年末に玄関をきれいに掃除して清め、花を飾ります。お正月用の大きな白磁の花瓶には葉牡丹と黒松、同じく白磁の一輪挿しには和菊を。この年はピンクのグラデーションにしました。

花瓶 大 瓶子(JICON)/花瓶 小 瓶子(JICON)

お正月のしつらえはシンプルに

新しい年へ向けて歳神様をお迎えするしつらえも、シンプルになりました。少し前までは長年、しめ飾りは手製でした。ベースとなるしめ縄に松や南天の赤い実をしつらえたり、紙垂《しで》を折って添えたり。三十日には飾ろうと思うと、たいてい二十九日に夜なべすることに。一軒家に引っ越してからは年末に外回りの大掃除もしているので、何もかもを抱え込んでしまうと、新年を元気に迎えられません。そこで最近はしめ飾りは市販品に。そのぶん、玄関を念入りに掃除して、思いを込めて丁寧に準備するようにしています。

三宝に十二支餅をお供えして
1年の無病息災を願います。
年末に夫がつき立てのお餅を
持って帰ってくるので、束ね
た稲藁の先に丸めてつけてい
きます。指先に片栗粉をつけ
ると餅同士がくっつかずきれ
いに稲藁が立ちます。

羽を広げた鶴の、清々しくも
モダンなしめ飾り。大好きな
祖母の名が「ツル」なので、見
守られているよう。京都にあ
る花屋「みたて」でお取り寄せ。

春を前に背筋を伸ばし、1年の目標を書くのが長年の習慣。以前はかしこまって奉書紙に書いていましたが、在庫がなくなったので書きやすい便箋に。小さく折ってお守りと一緒に手製の袋に入れて、大事に持ち歩きます。
MD便箋 横罫(ミドリ)

節分で厄除けと招福

暦では立春の前日にあたる節分。この節目のタイミングで、この先一年間の願いごとを紙にしたためることを長年の習慣にしています。

豆まきも毎年欠かさずに。豆を準備しつつ当日になって、夫に「どうする?」と一応聞いてみると「やるよ」と即答。今こうして健康に過ごせているのも節分に無病息災を願ってきたからかもと思うと、ちゃんと豆まきをしようという気持ちになります。

たいてい夜、大人ふたりなのでひっそりと。「鬼は外、福は内」と控えめに声を出しながらふたりで各部屋を回り、豆を盛大にまく……気持ちで、枡の豆

節分の豆は朝、神棚のそばに用意。庭にある南天の葉を添えて。豆は毎年1桝分しか用意していませんが、夫婦で年齢分の豆をいただこうとすると、そろそろ足りなくなるかもしれません。

を静かに別のお皿に移していきます。
お皿の豆を歳の数だけいただきながら、
「今年もできてよかったね」となるの
が毎年の風景です。

毎年、年末に太宰府天満宮を参拝。弱い自分に打ち勝つための「勝守」と、いつも穏やかにいられるよう「心守」をいただいて帰ります。節分の日に前年のものと交換。

勝守／心守（太宰府天満宮）

2階のリビングから見える街路樹の桜。花の季節は窓辺のカウンターに夫と並んで座り、よくお茶をしています。年に一度の特別な時間を過ごしながら、「ここに越してきてよかったね」と毎年ふたりで話しています。

お花見は家の中で

今の家を決める時の第一条件は「窓からの眺望がよいこと」でした。リフォームで家の中は造り変えられるけれど、窓からの景色は変えられないからです。私の住まいは地方とはいえ住宅地で建物が密接している地域。せめて人目を気にせず窓を開けられるぐらいの抜け感があれば……という思いでしたが、桜を眺められる家に巡り合えたのは思いもよらぬ幸運でした。

以前は、近くの河原を歩いたり、少し遠回りして桜並木をドライブしたりして楽しんでいたお花見を、今は家のリビングで。特等席で蕾から葉桜まで堪能しています。

桜の時季に友人を招いてお花見をするのも恒例行事。ノンアルコールの梅酒とお抹茶で花を愛でながら仲良くお喋り。1本の桜の木が運んでくれる幸せは数えきれません。

アンレドニング シャンパンクープ(イケア)／汲出 黒(西村峰子)
ちょこっとトレー ツヤなし(岩本清商店)

友人が毎年手土産に持ってきてくれる桜の季節限定のクッキー。

ドゥーブル ショコラ オゥ サクラ
(ヨックモック)

癒しの庭

　この家で暮らしていて毎日思うのは「庭があってよかった」ということです。毎朝カーテンを開けた時に朝日に照らされた庭を見て、玄関を掃きながら通り庭を眺めて、夕暮れ時にシーツを取り込みながら裏庭に揺れる木漏れ日を見つめて。天気がいい日も、雨が降る日も、寒い冬も暑い夏の日も。庭の草木を目にすると、ふっと気持ちが緩みます。

　我が家は、家を囲むようにコの字形の敷地があり、北側に玄関へ続く通り庭が、南側に柵で囲まれた裏庭があります。通り庭には飛び石を敷いて、その周りに植物を植えています。裏庭は、土を半分ぐらい残してコンクリートタイルに。日当たりは良好なので、草木を地植えにしたり、花の鉢植えを置いたり。それほど広くはないけれど、ガーデン家具も置いて、くつろげる空間に整えています。

　休日に、夫婦で庭の手入れをした後に、ガーデンテーブルでお茶を飲むのがささやかな楽しみ。もともと家が一番好きな場所でしたが、庭のある家に引っ越したことで、草木と一緒に、この場所にしっかり根づいたような感じがしています。

　マンションに住んでいた頃も、ベランダにたくさんの鉢植えを置いて植物のある生活を楽しんでいました。春にはヘデラが生い茂り、初夏には紫陽花がいくつも花をつけ、秋にはオリーブに実がなって。小さなベランダでも十分に季節を感じていました。それでもやはり、広さや自由度は地面のある一軒家には及びません。引っ越してきてから、少しずつ植物を増やしたり、柵をつけたり。

だんだんと我が家らしい庭になってきたところです。

こんな風に、庭のある生活を満喫していますが、夫婦で「ゆくゆくは規模を小さくしよう」と話しています。裏庭の中央部に地面を残して花壇にしている場所も、コンクリートタイルを敷くつもりです。今は庭を楽しみたい気持ちが勝っているけれど、もう十年ぐらいしたら、庭をきれいに維持し続けるのは体力的にも大変そうだからです。そんな先々を見越して、予算も算出済み。判断力のあるうちに夫婦で話し合って、先々の予定を決めておけると、後で迷うこともありません。「もうしばらく楽しませてね」、そう心のなかでつぶやきながら、庭の手入れに精を出す日々です。

マンションのベランダで25年育てていたヘデラを地植えにしたら、見事なグランドカバーに。壁にも這って、いい眺めに。

(上)柵の手前にはオリーブや、オージープランツのウェストリンギアやバンクシアを植えています。我が家の庭の環境には、乾燥にも雨にも強いオージープランツが合うよう。雪が積もることもあるので、寒さに強い品種を選んでいます。

(下)鉢には、数種類のクリスマスローズを植えて。年に何度か追い土をしたり肥料をあげたり、少しの手間で早春にたくさんの花が咲きます。４月末には根が弱らないよう花をすべてカットして、翌年の開花に備えます。

防犯のため、庭にはランタンのようなソーラーライトを置いています。太陽光で蓄電して、暗くなると自動点灯。柵に吊り下げたり、ガーデンテーブルの上に置いたり。災害時には室内でも使えます。

ランタン ソーラーライト（Uni Buty）

落葉の時季は落ち葉掃きが欠かせません。アスファルトの上に落ちた桜の花びらや、砂利の上の落ち葉には「名匠外苑ほうき」。広範囲の落ち葉を掃き集めたり、ちり取りに入れたりするのは、先が平らな「名匠庭園ほうき」。2本を使い分けています。

名匠外苑ほうき（アズマ工業）※写真左
名匠庭園ほうき 長枝（アズマ工業）※写真右

柵に立てかけたのはスイス軍のスノーシャベル。庭仕事で使うというよりは、眺めていたい雑貨です。冬に雪が積もった時には、テーブルや室外機の上の雪を落とすのに活躍してくれました。

テラスにはイケアのガーデンテーブルセットを。お手頃で丈夫、シンプルなデザインは庭をおしゃれに見せてくれます。お茶をするにも、庭仕事の道具を置くにも、我が家の庭にちょうどいい大きさ。

鉢は植木鉢専門の通販サイト「ノボショップ」で購入。「バスク」や「スタウト」シリーズを中心に並べています。グレーの鉢はナチュラルすぎない風合いで、多肉植物でもオージープランツでも花の苗でも、おしゃれに見せてくれます。

使わなくなった柳のかごを落ち葉入れに。ハンドルがついているので持ち運びもしやすい。出しっぱなしでも庭の眺めに溶け込んでいい感じに。

鉢だけに水やりをしたい時や、活性剤を溶かした水をあげたい時に使う大きめのジョウロ。注ぎ口の形状が独特でやさしく水が流れるから、植物に負担をかけません。弱った草花には栄養剤を300倍に薄めて与えています。

ガーデンビートル 1.5リットル(八幡化成)
バイタルV-RNA(バイオゴールド)

ガーデンショップ「ネーブルグリーン」で購入したスタンドにキャンドルを置いて。テーブルに飾る雑貨を変えると、庭全体の趣も違って見えます。

クラウンスタンドM　アンティックグレイ(カルチベーター)

気持ちよく老けていきたい

最近よく思い出すのが、母との会話です。母が六十歳の時にふいに「お母さん、老けたでしょう?」と聞いてきたのです。「そんなことないよ」と答えたのですが、その時の母の表情が少し寂しそうでした。六十歳になったら、母のように寂しい気持ちになるのだろうか。そう思って心に留めていましたが、当時の母とほぼ同じ年齢になった今思うのは、案外そうでもないな、ということ。六十代へ向かう気持ちは想像以上に明るくて、ネガティブな気持ちはほとんどありません。

でもこんな風に思えるようになったのは、五十代半ばを過ぎてから。振り返ると、四十代から五十代になる頃は得体の知れない不安があって、どこか重苦しい気持ちで迎えました。実際、五十代はいろいろなことを経験しました。親や家族の病気、自分の病気、仕事環境の変化……。あれこれ降りかかるのは年代的に自然な流れですが、こうも重なるのか! と面食らったというのが正直なところです。

さらには、急激に老化を感じたのも五十代でした。体が緩んできたり、しわが増えたり、顔の輪郭がぼやけてきたり。体力も落ちて、変化をしっかりと自覚するのが五十代でした。

そんな環境的にも肉体的にも波がある五十代をなんとか乗り越えてきたことが自信となって、六十代に向かう今は気負うことがないのかもしれません。よい意味で諦めもついて、どこかで腹をくくって、「なんとかなるだろう」と明るく見通せている感じです。

こんな気持ちでいられるのは、格好いい年長者

の存在を知っていることも大きいと思います。書籍だったり外国の方のピンタレストだったり、さまざまな媒体で素敵な六十代や七十代の方の写真や暮らしぶりを手軽に見ることができます。母の時代にも雑誌はあったでしょうが、今ほどの情報量はないでしょう。こんな風に歳を重ねていけばいいんだ、こんな老け方をしていこう、というお手本があることで、随分励まされます。

年齢なりにちゃんと歳をとりながら、こまめに手入れをして身ぎれいにしていたい、というのが今の目標です。しわがあってもシミがあっても、その肌に清潔感があったら印象は違うはず。だから忙しくても朝晩の肌の手入れは続けようと思います。一日家にいる日でも簡単にメイク。身支度を整えることで気持ちがしゃんとするのです。変化を受け入れながらも、自分に手をかけて大切にできていたら、どんな時も前向きな気持ちでいられそうです。

メイクの仕上がりを拡大鏡で確認。ファンデーションのムラやコットンの繊維残りがよく見えます。埃は先の細いブラシで除去。目にゴミが入った時にもなくてはならない鏡です。

10倍拡大鏡付両面コンパクトミラー（ヤマムラ）
ポータブルブラシセット（シュウウエムラ）

(左から)保湿液、美活肌エキス、クリーム20、保護乳液(すべてドモホルンリンクル)、ネイチャーコンク 薬用クリアローション とてもしっとり(ナリス)、オーガニックコットンパフLサイズ(コットン・ラボ)

朝晩のスキンケアとボディケア

幼い頃、アレルギー体質でアトピーがあったので「肌がきれい」「肌にかゆみがない」ことのありがたみは身に沁みています。肌が不調だと気持ちも揺らぐので、肌の状態には人よりも敏感。気持ちよく過ごせるよう、自分なりのスキンケアを続けています。

朝はまずぬるま湯で顔を軽くすすいで、敏感肌用の使い捨てタオルで水気をやさしく押さえます。しっとりタイプの拭き取り化粧水をコットンに湿らせ、皮脂や汚れを拭き取り。ベースが乾燥肌なので、洗いすぎない方がキメが整うようです。次にもう二十年以上

(左から)アリィー クロノビューティ ジェルUV(カネボウ)、クイックケアコート(エテュセ)、ネイルオイル24:45(ウカ)、メンソレータム オーラザハンド(ロート製薬)、ジョンソン ボディケア バイブラント ラディアンス アロマミルク(ジョンソン・エンド・ジョンソン)

使い続けているドモホルンリンクルのラインで保湿。ここまでが朝のスキンケアです。

夜はお風呂でメイクと、腕や首に塗った日焼け止めを落とし、上がったらすぐにシートパック。それ以降は朝のケアと同じです。パックの間には、乾燥しがちな全身にボディーローションを塗るようになりました。

夜寝る前にはハンドケアを。リラックスできるよう調合された香りのネイルオイルを使って、血行がよくなるように指先をマッサージしてから、ハンドクリームをたっぷり塗って寝ています。水仕事で傷みやすい爪には、週に一度、除光液で落とす必要のないコート剤を塗って保護しています。

メイク道具は プチプラで十分

十年近く前、出張で東京に出た際に化粧ポーチを忘れてしまったことがありました。空港のバラエティショップでひと通りのメイク用品を間に合わせで揃えたのですが、それまで使っていたものと仕上がりが変わらず、プチプラコスメの進化を実感しました。チークやアイシャドウなどは薄づきで、加減しながら使わなくても厚塗りにならず、むしろ好みの仕上がりでした。それを機に、「メイクはプチプラで十分」と思うように。その後、少しずつアップデートしながら今使っているものをご紹介します。

❶下地は大事なので、基礎化粧品と同じブランドのものを。メイクのノリもよくなり肌の色ムラも抑えてくれます。

光対策ドレスクリーム（ドモホルンリンクル）

❷肌へのフィット感が自然なのに、シミやくすみを隠せて、乾燥もしにくいクッションファンデーション。

マスクフィットレッドクッション（ティルティル）

❸長年使っているコンシーラー。S100はコテで火傷した痕やシミに、C1は疲れた時のくま隠しに。

スポッツカバーファウンデイション S100/C1（資生堂）

❹チークは出かける際にはUVカットできるものを。薄づきなので、⑤と併用。

アリィー クロノビューティ カラーオンUVチーク 02（カネボウ）

❺チーク、アイシャドウ、口紅に使えるマルチスティック。粉のチークやアイシャドウはしわが目立つので、下地としても使用。ほんのりオレンジ色を差し色に。

ファシオ マルチフェイススティック04パーフェクトピーチ（コーセー）

❻ほどよいツヤがあり、ナチュラルな薄づきのオレンジ系口紅。

グラスティングメルティングバーム01（ロムアンド）

❼UVカットできるリップクリーム。口紅の下地に。

プロテクティブリップバーム（イソップ）

❽アイシャドウ、アイブロウ用のブラシ。携帯用セットの1本が使いやすい。

ポータブルブラシセット（シュウウエムラ）

❾アイシャドウもアイブロウもこれひとつ。眉毛が濃いとどうも浮いてしまうので、このぐらいの色合いがちょうどいい。

キャンメイク シェーディングパウダー01（井田ラボラトリーズ）

❿マスカラがダマになった時にとかすコーム。

マスカラコーム 207（資生堂）

⓫マスカラ下地。最近まつ毛が細くなってきたのと、保護のためにマスカラ下地を使うようになりました。

アイエディション マスカラベース（エテュセ）

⓬ブラシが細いので、塗っている時に瞼につきにくく、滲まないマスカラ。

ハンオールフィックスマスカラ　ボリュームブラック（ロムアンド）

⓭20代からずっと使っているビューラー。これは3本目。

アイラッシュカーラー213（資生堂）

⓮数年前から目元がぼやけた感じがするので、元気に見えるようリキッドアイライナーを使用。やさしく見えるブラウンは日常用に。滲みません。

ジョリ・エ ジョリ・エ リキッドアイライナー ブラウン（アヴァンセ）

⓯撮影の時や目が疲れた印象の日には、ブラックのアイライナーを。滲まず、パンダ目にならないから安心して使えます。

シルキーリキッドアイライナー ブラック（ディーアップ）

⓰もう何十年も使っているペンシル。以前はこれで眉を描いていましたが、今は眉がまばらになったところを少しだけ描き足すのに使っています。

眉墨鉛筆 3ブラウン（資生堂）

自分らしいおしゃれがわかってきた

これからのおしゃれで一番大切だと思うのが「自分に似合う服を知っている」ことだと思います。自分をよくわかっていれば、歳を重ねてもおしゃれに迷いがなくなると思うのです。

私の場合、眼鏡とロングヘアに似合うおしゃれがテーマ。この二つの要素は今の私に欠かせないものだからです。

小さい頃からずっと髪はロングでした。髪型も後ろでひとつ結びにするのが定番。歳を重ねると、毛量が減ったり髪の質感が変わったり、髪の悩みは増えてくるものです。私も例にもれず、白髪も気になってきたし、毛も細くなってきました。髪を短くすることを考えなくもないですが、新しい髪型にチャレンジするより、長い付き合いの今の髪型の方が扱いにも慣れています。以前よりボリュームが出にくくなったので、前髪をコテで巻くようにしたり、トップが割れてしまわないよう、髪を結ぶ際に後頭部に少量の毛たぼを入れるようにしたり。一番自分らしくいられるのは間違いないので、この先しばらくは工夫しながらロングヘアを維持しようと思っています。

眼鏡は四十五歳ぐらいで老眼と乱視が強くなりかけ始めました。ある時ヘアサロンで、目を細めながら雑誌を読んでいる自分の姿が鏡に映って「格好いい姿ではないなぁ」と気づき、すぐに眼鏡を作りました。

眼鏡は気になる目元をさりげなく隠してくれるアイテムでもあります。目の下の小じわが気になる時、疲れていて目の下のくまが目立ってしまう時、眼鏡があると助けられます。フレームの選び

方次第では顔色が悪く見えたり、年齢以上に老けて感じたりすることもあるので、選ぶ時は慎重に、妥協せずに。ショップの方の意見にも耳を傾けながら、試着を繰り返します。ときには眼鏡をかけた姿を自撮りして客観視しながら、納得がいくまでじっくり選んでいます。

眼鏡をかけるようになって、洋服は少しきっちりした雰囲気のものを着ることが多くなりました。ロングヘアの甘さを眼鏡が中和してくれるので、選ぶ服の幅は広がったかもしれません。私は背が高くないので、全体的なバランスにも気をつけています。半端丈のスカートやパンツは幼く見えてしまうのでボトムの丈は長めに。また、痩せ型なのに体のラインを拾う服を着ると、ある年齢からは貧相に見えてしまうから、服のボリューム感も大切にしています。

ドライヤーの前とスタイリング時にヘアオイルを髪全体に馴染ませるとまとまりやすくなります。眼鏡とマスク紐でこすれ、薄くなってきた耳上には育毛剤を使っています。髪の生え際の薄さが目立つ場合には薄毛隠しのファンデーションを。

エヌドット ポリッシュオイル(ナプラ)/育毛剤 女性用 スカルプヘアローション(ナイル)/ヘアファンデーション ダークブラウン(ララチュー)

髪のケアは念入りに

白髪は五十歳を過ぎた頃からパラパラと出てきました。ヘアサロンに通うのが大変だなと一度自分で染めてみたこともありましたが、髪のツヤが一気になくなってしまうのでやめました。今は二か月半に一度のペースでヘアサロンで染めています。髪全体のボリュームが減ったので、年に一度、表面と毛先にパーマもかけるように。髪の質感は肌以上に印象を左右するもの。セルフケアだけでは追いつかないところはプロの力を借りています。ツヤがあるかないかで見え方も違ってくるので、髪の乾燥を防ぐオイルも欠かせません。

色を長持ちさせるカラーリング専用のシャンプー＆トリートメントはいろいろ試しましたが、これが一番色落ちしないように感じています。根元がキラキラして気になる時は白髪隠し用のスプレーでカバー。

パンテーン ボンドリペアシャンプー／トリートメント カラーシャイン＆リペア（P&G）
サロン ド プロ カラーオンスプレー ナチュラルブラウン（ダリヤ）

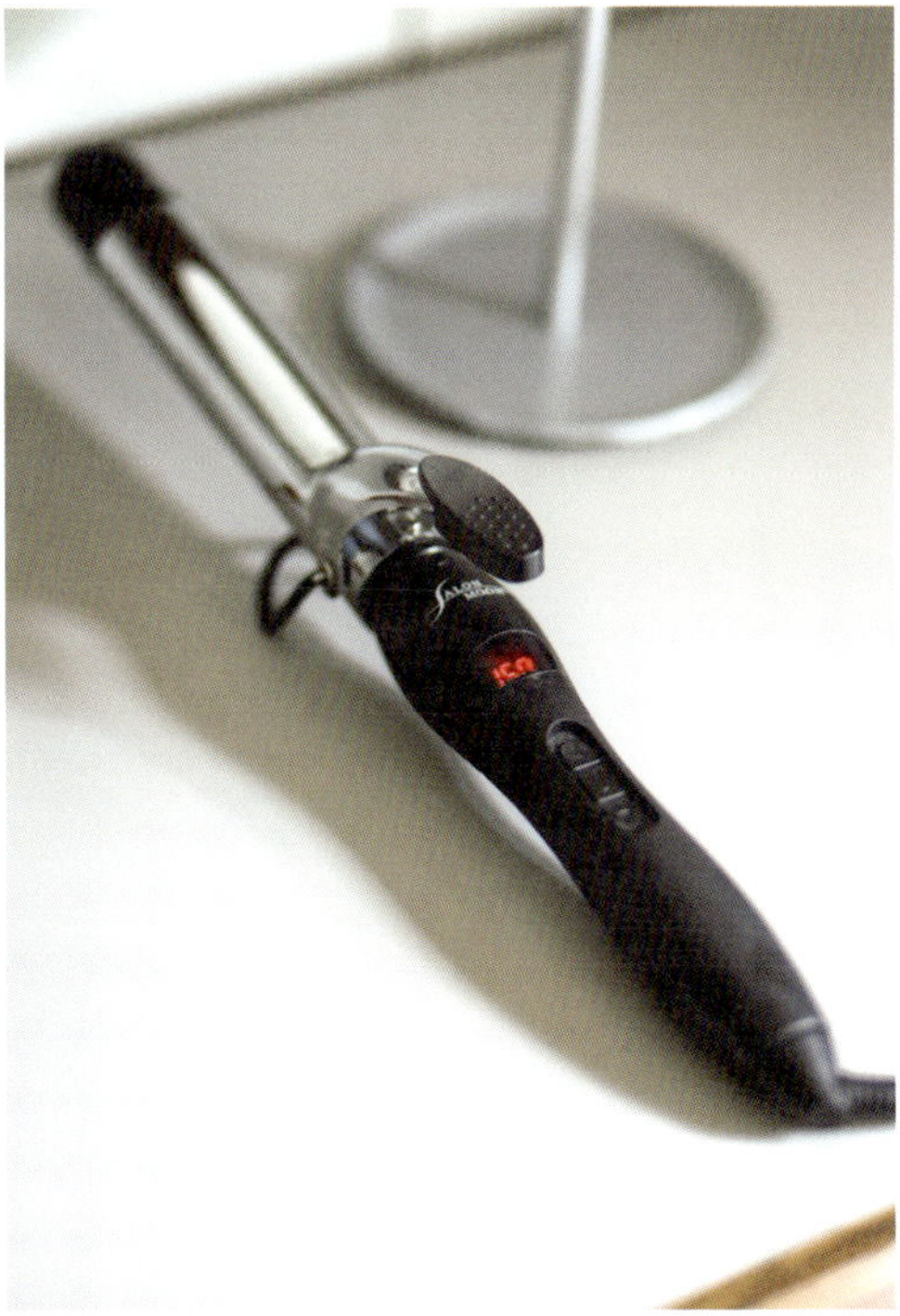

前髪はボリュームが出るよう内側に巻いてからサイドに流すようにしています。ふんわり仕上がるよう、ヘアアイロンは太め、温度は150度に設定。パーマが取れてきた毛先を巻く時も温度は同じです。使い終わってアイロンの熱が引いたら、オイル残りがないようウェットテッシュで全体を拭いてからしまいます。

ミラーダブルイオン カールヘアアイロン 32ミリ（サロンムーン）

今は3本の眼鏡をその日の服装や気分に合わせてかけ替えています。長年使ってツルが白っぽくなってきたら、その眼鏡は浴室用に。お風呂での動画鑑賞や、お風呂上がりに掃除する時に使います。

自分に似合う眼鏡選び

眼鏡は何本か選ぶうちに、自分に似合うものがわかってきました。私の顔には縦3・6〜4センチ程度のフレームがしっくりくるよう。これ以上大きいと眼鏡の存在感が強くなりすぎてしまいますし、小さいと視界が狭くて実用的ではありません。

フレームはここ数年は金子眼鏡で購入しています。種類が豊富で選びやすいのがその理由。レンズを入れるのは近所の眼鏡店。視力が変わったり、レンズが傷ついたりした時に通いやすいからです。寝起きに踏んでしまったり、出先に忘れてきたり。そんなうっかりもあるから予備の眼鏡も必須です。

ツルが折れてしまったけれど、一番似合うと思っていた眼鏡も捨てずに保管。新しい眼鏡を探す際、似合うかどうか確認するためにそばに置いておきます。書斎にある本棚の引き出しにしまっています。

眼鏡は水洗いできると聞いてから、こまめに洗うように。定期的に少量の中性洗剤をつけて洗うと、皮脂の汚れもすっきりきれいに。数枚のティッシュをふんわり持ってやさしく水気を拭き取ります。

六十代から味方につけたい服と小物

　五十代に入った頃、クローゼットにある服が「すべて似合わない」と、途方に暮れた時期がありました。今までとは年齢のステージが変わった気がしたのです。

　歳を重ねると、どうしたって体形が変わってきます。私の場合、体重はほとんど変わりませんが、ウエストサイズが増えたり、胸が下がってきたり。体形の変化に伴い、好きだった服が途端に似合わなくなりました。以前はよく着ていたジャストサイズの服も、しっくりこないので手が伸びません。かといって、ふわっとした服を着ると、素材感によっては太って見えたり、ちょっとだらしなく感じたり。クルーネックタイプのTシャツやカットソーも、ある時ふと「若づくりしていると見られるかも……」とちょっと気になるように。実際着てみても、驚くほど似合わなくなりました。そんなことが続いて、何を着ればいいかわからなくなってしまいました。

　しばらく試行錯誤した結果、「歳をとると、カジュアルな服より、少しシャープさのある服の方が似合う」という結論にたどり着きました。加齢により緩んだ体や顔つきには、きちんと感のある服の方が、中和されてバランスがよくなることに気づいたのです。

　それからは、コートもワンピースも、ノーカラーではなく襟付きのものを、襟元は丸首ではなくすっきりと見えるVネックを手に取るように。なめらかな質感やちょっと光沢のある素材など、柔らかなニュアンスのある服も選ぶようになりました。きれいめな服はもともと好きだったので、最

私のクローゼット。洋服は濃淡のグラデーションになるよう並べています。色は黒、紺、グレー、ブラウン、カーキ、キャメル、白。これ以外の色の服は買っても着なくなるので手に取らなくなりました。

近になってようやく年齢と好みのバランスがとれてきた感じです。

似合うようになった服はほかにもあります。ミドル丈のカーディガンは、四十代の頃にギャザースカートに合わせて着てみたら、なんとも野暮ったく見えてしまって。でも十年後には、その着方のままで似合うようになりました。ミドル丈のステンカラーコートは、春に着たくて手にしたものですが、四十代当時は、キャメルの色合いと小柄な体形が相まって幼く感じました。これも十数年寝かせるとすっかり甘さも抜けて、今はさまざまなコーディネートを楽しんでいます。大きな柄が配されたスカートや、ラメ入りのセーターなどを取り入れたちょっと個性的な着こなしも、貫禄がついたのか今の方がしっくり馴染みます。ある日突然、違和感なく着られるようになるから面白いものです。

着られない服が増えていくばかりだとちょっと寂しいけれど、年齢とともに似合う服も出てくる。これは嬉しい発見で、私にとって大きな収穫です。

ようやく自分らしく着られるように
なったミドル丈のステンカラーコー
ト。今はこのコーデが気に入って、
春と秋によく着ています。

友人と観劇に行った時に着たよそゆきのワンピースもシャツカラー。違和感なく着られるようになったスパンコール付きのミドル丈カーディガンと合わせて。

(左)昨年に続き、今年の夏の部屋着も無印良品のシャツワンピース。薄着でもくだけすぎずに過ごせ、リモートの打ち合わせもこの服で。
(右)アクセサリーと帽子を合わせて買い物へ。歳を重ねて緩んできた首まわりが隠れるよう、ボタンはすべて留めて着ています。

普段着もよそゆきもシャツカラーのワンピースで

昨年の夏は、無印良品でシャツワンピースを色違いで三着購入して、部屋着として日替わりで着ていました。少し肌寒くなってきた頃、鏡に映る自分の顔がなんだか疲れて見えて、ちょっと気になりました。そしてふと、「部屋着のせいかも」と思い至りました。秋になって、部屋着をスタンドカラーのものに変えていたのです。夏の部屋着に比べて襟元の開きが少し広かったせいで、顔まわりや首元の緩みが目立ってしまったようです。それからは、ワンピースもブラウスも、襟元が詰まったものを選ぶようになりました。

ミズイロインドのプリーツワンピースに、テーラードジャケットを合わせて。ジャケットはユニクロのもの。カチッとなりすぎないよう、少し大きめのものを選ぶと、こなれた感じに着こなせました。

すっきりして見える テーラードカラーの上着

着たい服が見つからなかった頃、一枚のテーラードコートを手にしました。そのコートを着ていると、とても気分よくいられました。襟元にできるVラインのおかげで、顔まわりがすっきりして見え、ロング丈も相まって、年相応に着られました。

それからはテーラードカラーのものを好んで着ています。着慣れてきたので、難しいと思っていたジャケットも手に取るように。テーラードカラーだと、ボタンを留めても胸元のアクセサリーが隠れずに見えるのもいいところです。

マンナのロングニットコート。テーラードの襟が気に入って、色違いも持っています。なかでもキャメルは今年の秋冬に着たい色。キリッと見えるよう黒いベストを合わせて、着こなしのポイントに。
ライトウェイト ミラノリブニットコート（マンナ）

レーヨンやポリエステルなど、なめらかでとろみのあるシャツの方が顔映りもよく、体形を程よく隠してくれる気がします。最近着ているシャツはすべてザラのもの。1枚で着てもさまになるデザインや質感が気に入っています。

天然素材へのこだわりを手放してみる

以前は、身につけるものはコットンやリネン、ウールなど天然素材が好きでした。でも今はそうしたこだわりはなくなりました。むしろ、ウールのセーターなどは、着た後の手入れが頭をかすめ、普段着で着ることは少なくなりました。最近は、化繊素材の服を手に取る機会が増えました。しわが寄りにくかったり、洗濯しても縮みにくかったり、そんなところに助けられます。化繊特有のしなやかな生地感も好きで、きれいめに着られるところも魅力。

ときには思い込みを捨ててみることも大事。おしゃれの幅も広がります。

中身がたくさん入って自立するバッグを探していたところ、持ち手と底が合皮の帆布トートバッグを見つけました。汚れても合皮部分は拭けるので、気持ちよく使えます。中身が見えないよう、他のバッグについていたフェイクファーのカバーをかけました。

パーテーションキャンバストートバッグ（カシュカシュ）

友人からプレゼントされた、モール素材のカーディガン。とても肌触りがよく、軽くて暖かいのに洗濯機で洗えるとあって、冬は部屋着の上にこればかり着ています。自分でも色違いのベージュを追加で購入。

エムプラスホーム ミルウッドロングカーディガン（センコー）

オールシーズン助かるベスト

ベストは、気になってきたウエストまわりをカバーしつつ、きちんと感も出るすぐれもの。ちょっと物足りない着こなしの時も、一枚重ねるだけでおしゃれした感じに見せてくれる頼もしいアイテムで、私のおしゃれには、なくてはならない存在です。最近はコットンやリネン、別珍のものなど素材感も形も豊富で、オールシーズン取り入れられます。

　年中着ているシンプルな白いブラウスとスカートをベースにして、ベストとアウターを変えて季節のコーディネートを組んでみました。

秋はニットのベストとロングカーディガンを重ねてグレーのグラデーションに。サボとトートバッグもグレーに合うシルバーにしたワントーンコーデ。

冬はハンドルームの別珍のベストで暖かく。少し光沢のあるウール素材のテーラードコートを羽織りました。ベストだと腕まわりがごわつかずコートがすっきり着られます。

春はザラのリネンベストにチャコールグレーのリネンコートを重ねて。まだ肌寒い日も重ね着で暖かく。ベストのおかげでシャープな印象に。

夏はミズイロインドの黒いベストを合わせて。薄手なので暑い夏でも風通しよく着られます。ワイドシルエットがロングスカートのボリューム感とよく合います。

帽子のおしゃれを教えてくれたベルレッタ。デザイナーの本田依子さんがひとつひとつ手作りされています。着こなしや日差しの強さに合わせて、ふたつの帽子を使い分け。秋に、厚手のニットにこの帽子を組み合わせるのも気に入っています。

ベルレッタスタイル／ベルレッタツバヒロ（ベルレッタ）

帽子は外出の必需品

白髪が目立つ日や、髪のボリュームがなくなってきてセットが決まらない時は、帽子を手に取ります。帽子があると、気になる髪を隠しつつ、着こなしのポイントにもなります。帽子に慣れないうちは、ちょっと張り切っておしゃれをしたように感じることもありましたが、最近は馴染んできました。ここ数年は、庭の水やりや洗濯物を干す時などに帽子が手放せず、かぶり方がわかってきたからかもしれません。日差しが強い夏に限らず、冬の乾燥や寒さよけにも必需品だから、今は冬用の帽子を探しているところです。

ちょっと長めの袖や、ネックの高さ、首まわりのフィット感もちょうどいい。袖口からちらっとのぞかせるにも、上からネックレスをつけるにも、バランスのとりやすい形とサイズ感です。

ヒートテック ウルトラライト タートルネックT(ユニクロ)

首元をカバーしてくれる薄手のハイネック

首元に年齢が出るので、できるだけハイネックでさりげなく隠しておきたいと思うようになりました。でも、年齢的に肩に肉がついてくると、どうしても首が短く見えるように感じられ、分厚いハイネックニットを着ると、太った印象になってしまいます。

そこで重宝するのが、極薄素材のハイネックニット。なかでもユニクロの薄手のインナーは、なめらかでシルクのような肌触り。カジュアルな着こなしはもちろん、きれいめな服と合わせても雰囲気よく馴染みます。

ユニクロのハイネックは適度な光沢感があるので、パールやシルバーなどのアクセサリーと合わせても違和感なく着られます。

ハイネックの上からシャツワンピースを着たり、ニットを重ねたり。薄手なのでごわつかず、真夏以外のオールシーズン着られます。毎日のように手に取るので、白・黒・グレーのベーシックカラーを中心に、気に入った色を数枚ずつ揃えています。

自分らしいパンツ選び

「どうやったらパンツを格好よく着られるだろう」。これが長年の課題でした。細身のパンツは、お尻から太ももにかけてのラインが目立つし動きにくい。かといって太すぎるパンツは小柄な私にはバランスがとりづらい。似合うものが見つからないので、「ボトムはスカートでいこう」と決めた時期もありました。

そんな時、旧知のショップの方から「きっと穿きやすいですよ」と勧められたのがスタンプ アンド ダイアリーの「ウエストタックワイドパンツ」です。試着したところ、タックパンツなのに

広がりすぎず、ストンと落ちるシルエットがとてもきれい。生地も少し光沢があってカジュアルすぎないところも気に入りました。それを機にパンツの選び方や着こなし方も少しずつわかってきて、おしゃれの幅が広がりました。

最初に手に取ったのはスーピマコットンのベージュ(春)。追って黒、カーキ(夏)を買い足し。その後同じ形でレーヨン素材も出たので、グレー(秋)とチャコールグレー(冬)が仲間入りしました。どのパンツも一年中穿いています。

(春と夏)80/2スーピマコットン ウエストタックワイドパンツ91センチ丈／(秋と冬)レーヨンタイプライター ウエストタックワイドパンツ91センチ丈(スタンプ アンド ダイアリー)

ディッシィの靴は以前母にも選んだことがあります。中敷きが柔らかく、甲側にもクッションがあるから、長時間歩いても疲れません。白い靴はコーディネートのアクセントに。

靴は履き心地を重視

ここ何年かは、ヒールのあるサンダルをよく履いています。かかとがある靴の方が私には歩きやすく疲れにくいのです。選ぶポイントは、かかとは太く安定感があること、かぶりが深くて、甲にほどよいゆとりがあること、擦れたり靴ずれしたりしないこと。よく選ぶのはディッシィの靴です。足入れがよくて、クッション性の高い靴が揃っていて、歳を重ねても履きやすいブランドだと思います。

チャールズ&キースの、ウッドソールのサンダルも気に入っています。かごバッグに合わせたくて手に取りました。合皮で雨でも気にせずに履けるか

合皮の靴に間違えて防水スプレーを振りかけて水垢のような白いシミになってしまった時、このリキッドを塗ったら跡形なくシミが消えて感動しました。革靴や革小物にも使え、色抜けや傷に塗ると、新品のように色ツヤが戻ります。

セルフシャインリキッド（タラゴ）

靴の中で足が滑らないよう、つま先にジェルパッドの中敷きを入れています。厚さの異なるパッドを靴に合わせて使い分け。水洗いすると埃や汚れも落ちるから、繰り返し清潔に使えます。

フットソリューションつま先コンフォート（コロンブス）

ら重宝しています。

いずれも購入するのは通販サイトの「ロコンド」で。サイズ交換や返品が無料とあって、家で靴を試し履きしてから決めることができます。数年前、母に合う靴を探すのが大変だったので、こうしたサービスがあるのは本当にありがたいことです。

バッグの中身は最低限に。身軽に動けるよう財布を小さくしました。

バッグは、両手が空く斜め掛けのものを

もう二十年以上前の母の日に、母へバッグを贈りました。デパートへ出かけ、似合いそうなハンドバッグを奮発したのですが、母からは「肩に掛けられるバッグの方がよかった」とすげないひと言。自己満足のプレゼントを反省しつつ、当時は「せっかくおしゃれなものを選んだのに」という思いも少なからずありました。

　でも今は、母の気持ちがよくわかります。私も、今買い物に出かける時は、できれば両手が空いていてほしいからです。片手にバッグを持っていたら、買い物をしたらすぐに両手が塞がって

エバゴスの斜め掛けバッグをコーディネートの主役に。グレーレザーのおかげでモノトーンのコーディネートがやさしく上品な印象に。着こなしに抜け感も出ました。

シルバーの金具がポイントの、コーチのストラップ付きバッグ。パテント素材のしっかりとしたストラップは伸びにくく、荷物を入れて下げても肩に食い込みません。

しまいます。つまずいたりよろけたりしたら、危ない年齢にもなりました。だから荷物が増えそうな日に手に取るのは決まってショルダーバッグです。ただし肩凝りなので、選ぶときは慎重に。ショルダーの太さやバッグ自体の重さなどもチェックしながら、おしゃれに持てるものを選んでいます。

ワコールのブラトップはユニクロほどパッドが厚くなく、ホールド感があるのにアンダーバストの締めつけが穏やかで横流れも抑えてくれます。日常の下着として。

シンクロブラトップET1052(ワコール)

インナーは価格と着心地のバランスを重視

ブラジャーを数年前に卒業し、インナーはカップ付きキャミソールを着ています。ブラが窮屈に感じるようになったのと、繊細なレースの下着は洗濯にも気を遣うからです。

毎日使うものは洗濯機で洗えるものがよくて、ここ数年はユニクロやワコールのものを愛用。一年に一度、年末に上下五組を買い替えています。

ただし、外出時は別。特にユニクロのものは、私の体形には少しカップが厚すぎるよう。胸の位置が下がってきたせいもあるかもしれませんが、薄手

出かける際はエミリーウィークのカップ付きキャミソールを着用。カップが薄いので胸元がすっきり見え、肩紐も目立たないので洋服に響きません。

アクティブバンブーストレッチキャミソール（エミリーウィーク）

カップ付きキャミソールは型崩れしないよう、裏返して下着用の洗濯ネットに入れて洗っています。

ポリエステル両面使える洗濯ネット 丸型 小（無印良品）

のセーターなどを着ると胸を張っているように見えてしまいます。出かける時は体の厚みがすっきり見える方が好きなので、カップが薄めのインナーに着替えています。

長さの異なるネックレスを重ねづけ。こんな風に大胆に重ねても、頑張りすぎている感じがしなくなったのは年の功。すべてスティンクシンジケートのもの。

記念日のアクセサリーとプチプラのアクセサリー

一日家にいる日でも、アクセサリーを身につけています。誰に見せるわけでもないのですが、朝に支度を整えて、仕上げに好きなイヤリングやネックレスを身につけると、「ちゃんと整えた」という気持ちに。自分も暮らしの一部なのだから、面倒くささがらずにいつも手をかけていようと思います。

アクセサリーには、記念日に手にしたものや、長年お守りのように大事にしているものもあれば、プチプラのものもあります。

特に家にいる時のイヤリングは、家事の合間になくしたり、踏んだりして

コットンパールのイヤリングとパールのイヤーカフを重ねづけ。どちらもプチプラのもの。

スティンクシンジケートでオーダーしたイヤリング。左はキュービックジルコニアのクリスタル。右は「MY OWN STYLE OF LIFE」の刻印入りのプレート。この言葉が気に入って決めました。

も諦めのつく、コットンパールを愛用しています。本物のパールは汗やファンデーションがついたりすると手入れも大変なので普段使いには向きません。自分が気分を上げるためのものなので、リーズナブルなものの方が気兼ねなく過ごせていいのです。

身につけると、顔まわりが明るく見えたり、気持ちが華やいだり。ちょっとした勇気ももらえるから、アクセサリーは私にとって欠かせないものです。

アイロン用スムーザーを使うとしわがきれいに伸びるだけでなく、型崩れもしにくくなります。

スチーム＆ドライアイロン（DBK）
キーピングスムーザー アイロン用しわとり剤（花王）

出かける前に気になるしわを見つけたら、ポールハンガーに吊るして全体にスチームアイロンをかけて。

ポールハンガー スマート（山崎実業）
衣類スチーマー（パナソニック）

これからのおしゃれは清潔感を第一に

撮影の際、黒いリネンのワンピースを着た自分の姿をモニターでチェックしていたら、ワンピースがよれよれでだらしなく見えて、「これはいけない」と思いました。若い頃は洋服に多少しわがあってもその生地が持つ風合いだと思えたけれど、歳を重ねてからは格好悪さが際立つような気がします。

だから、しわが寄りやすい素材のものは、洗濯後にスムーザーを使ってアイロンをかけています。玄関近くのクローゼットルームには、スチームアイロンをいつでも使えるようにスタンバイ。畳みじわやハンガーの跡が気にな埃がつきやすいかごバッグ。内側も外側も山羊毛のソフトなブラシを使って埃を取り除いています。

デリケートな素材専用 洋服ブラシ(レデッカー)

帽子は購入したらすぐに内側の汗どめバンドに重ねて、汗取り用のテープをぐるりと貼っています。汗やファンデーションなどで汚れたら、剥がして貼り替え。

汗取りパッド(Moeagel)

る時もさっとスチームを当ててしわ伸ばし。しわ以外に、洋服のシミや毛玉なども見過ごさないようにしています。

ある年齢を超えたら、高級な洋服を着る以上に清潔感が大事です。

旅行でもなく、外食でもなく、家に投資する

　四十代半ばぐらいまで、夫婦の楽しみといえば旅行でした。年に一度、好きなところに行くと決めてコツコツ旅費を積み立て。二十代では東京ディズニーランドに行ったり、横浜や軽井沢に行ったり。三十代からは車で湯布院へ。夫は飛行機が苦手なので旅行先はもっぱら国内です。この日ばかりは贅沢に過ごそうと、ルームサービスで食事をしたり、露天風呂付きの客室でのんびりしたり。結婚してからずっと共働きなので、年に一度の旅を楽しみに仕事に励んでいました。

　愛猫の闘病のため出かけられなかった数年を挟み、久しぶりに夫婦で旅行したのが、コロナ禍に入る前の二〇一九年末のこと。家から車で行ける温泉に一泊する予定を立てました。ところが、旅を終えての感想は「楽しかった」よりも「疲れた」が上回ってしまったのです。荷造りも荷ほどきも大変に感じてしまって、帰ってきてから「家にいた方がよかったかも?」と思ったほど。旅館でのんびり、温泉に入ったり美味しいものをいただいたりはとても贅沢な時間なのですが、以前のような新鮮な気持ちで楽しめないことにも気づきました。夫も思うところは同じで、「やっぱり家にいるのが一番落ち着くね」となりました。

　二〇二〇年、五十代でマンションから一軒家に住み替えたタイミングでコロナ禍に突入すると、旅行どころか外食もゼロになりました。この四年の間に、家で過ごすのが当たり前になり、コロナが収束した後も、旅行はせず、外食も数回に。今まで外に求めていた楽しみを、家の中に求めるようになりました。

住みながら続けている家の手入れ。西日の当たる外壁の色が白けてきたので、塗り替えてもらうことに。まだふたりとも働いている現役のうちにできることを進めておこうと思っています。

今の暮らしで一番お金をかけているのは、家のことです。住む前にやりきれなかった住宅のリフォームを続けているのですが、これがいい気分転換になっています。洗面所やトイレの床を貼り替えたり、浴室を交換したり。夫婦ふたり、どこにも行かず家で過ごすことに退屈さを感じないのは、家でリフレッシュができているからこそ。一番長く過ごす我が家が心からくつろげる場所になっていることは、旅行や外食以上の癒しになります。

住宅の整備は、先々の生活の質に直結するので、住み替えの際にしっかりと予算を立てました。設備が新しくなると、掃除や手入れの手間が減って確実に快適になるので、つい次々と改善していきたくなります。もちろんそれなりに費用がかかるので、際限なくとはいきません。それでも、今とこれからの暮らしのためには、何よりも優先すべき支出だという認識でいます。滑りにくい床にしたり、お風呂に手すりをつけ足したり。これから先、歳をとっていくなかで家の設備が整っていることは安心感につながります。

住宅は資産でもあるので、家に手をかけることは、確実に家の価値向上にもなります。リフォーム済みだったり、特に水回りが新しかったりすると査定額が上がるのはマンションを売却した際に経験しました。最期までこの家で過ごせればいいけれど、どうなるかはわかりません。どこか施設に入ることになって、この家を手放す時がきたとしても、明るく前を向いて選択できるように。未来への投資だと思って、日々家を整えておこうと思います。

この場所にあった照明を玄関に移動し(p22)、新しい照明を迎えました。菱形が連なったようなデザインに一目惚れ。美しく、家のアクセントにもなる照明は、日常の疲れを癒してくれます。

パテラ ペンダントライト 直径30センチ(ルイスポールセン)

棚類は最低限、コンパクトな台のみに。凹凸もないので掃除もラクです。

マグネット式のフックを取りつけて、お風呂の蓋を浮かせて乾かせるように。

タワー　マグネット風呂ふたホルダー（山崎実業）

新しい浴室は快適さを追求

購入した一軒家は築九年と築浅で、以前お住まいの方の手入れが行き届いていて浴室もきれいだったので、そのまま使用していました。ところが、入居して四年目に、給湯器の調子が悪くなりました。それならばとそろそろ交換時期を迎える浴室も前倒しして工事することに。

システムバス選びのポイントは、掃除のしやすさ。付属する棚も最低限にしてとにかくシンプルなものにしました。各メーカーが床や壁の汚れのつきにくさ、落としやすさをうたっていますが、使ってみると進化を実感します。

浴室はタカラスタンダードのグランスパ。タイルの床も好みですが、耐震機能があるのも安心。先々のことも考えて浴槽の脇に手すりも設置。お風呂の椅子も座面が高くて足腰にやさしく、通気性がよいものを選びました。

ヒューバス バススツール30センチ（シンカテック）

リビングに貼ったのは「エコカラット ファインベース ホワイト」。広い面に貼るのでシンプルで、ほんのりテクスチャーの変化が感じられるものを選びました。

「エコカラット」の壁で気分転換

湿度調整や脱臭作用などの機能がある壁材「エコカラット」を、家の壁の一部に貼りました。もともと化学物質に弱いのと、改装時のシックハウス対策を意識してのことです。

しばらく住んでみて、その効果を実感。わかりやすいのは、家で焼き肉をした時です。以前は卓上コンロを使って肉を焼くと、三日は部屋の臭いが取れなかったけれど、今は翌朝にはほとんど臭いがなくなります。

最初は、廊下、リビング、トイレの壁に使っていましたが、北側の玄関と一階の寝室、キッチンの一角にも追加し

トイレはサイズの異なるタイルを組み合わせるタイプの「エコカラット ストーンⅡ アイボリー」を。狭い空間なので明るくなるように意識。

玄関には「エコカラット ニュートランス グレー」。靴棚の上は花や絵を置く場所にしたかったので、飾るものを引き立ててくれるグレーに。

ました。臭いと湿度がこもりがちな場所ですが、壁のおかげか気になりません。数値化はできませんが、家の中の空気が常に澄んでいる気がして、とても快適。壁が変わると、部屋の雰囲気もガラリと変わって、いい気分転換になります。

1階の廊下には「エコカラット グラナスライン ホワイト」を縦方向に。1階には玄関があり、臭いが気にならないように全面に。

「エコカラット グラナスライン ベージュ」をリビングのコーナーにも貼ったところいいアクセントになりました。

寝室は部分的に「エコカラット　つちのは　うすにび」を。湿気がこもらない気がします。同じものをキッチンの一角にも。コンロに近い場所なので消臭効果を期待。

人に頼ることをいとわない

今年の春に足の指を骨折した際、骨折した方の足をかばうようにしていたら、反対側の足首が痛むようになりました。大型連休と重なり病院に行けないうちに痛みがどんどんひどくなり、体重をかけるだけで激痛が走るように。後に病院では「蜂窩織炎《ほうかしきえん》」という診断。骨折した足をかばっていたら、反対側の足の古傷が腫れて細菌に感染し、炎症が起きてしまいました。

両足が不自由になって、外での移動は車椅子に。足は何度か悪くしていますが、ここまでの痛みは初めてのことです。いつ歩けるようになるかわからないので、撮影の予定を一か月先まですべて延期にしたり、東京へ行く予定をキャンセルしたり。スケジュール変更に追われました。

四十代で足の病気を患った時は、自分の病気のせいで誰かに負担をかけたくないという思いから、家族やごく近しい人を除いて病気のことを伏せていました。安静にしていなければいけないのに夜通し原稿を書いたり、足が痛いのに平気なふりをして撮影をしたり。無理をして「普段通り」を取り繕っていました。

今回はそんな強がる気持ちはもうなくて、早々にお手上げ宣言。仕事先にも友人にも事の顛末を素直に話して、今はどんな具合か、どんなことに困っているのかを隠さず話しました。そうすると皆さん心から心配してくれ、日程を調整してくれたり、撮影の内容を変更してくれたり。仕事先以外に、当時家に出入りしてもらっていた庭師さんも、リフォーム業者さんも、動けない私を気遣ってくれて、心置きなく休むことができました。

お世話になった人への御礼は美味しいお菓子を。BIONのクッキー缶は喜ばれる贈り物のひとつ。香り好きの相手には、ホームフレグランスやキャンドルを贈ることも。

ハピネス ホワイトピーチ＆ローズ

(Aroma Jikan)

夫にも、大いに頼りました。とにかく安静にということだったので家事はほとんどできません。すると買い物、掃除、洗濯、簡単な食事の準備から片付けまで、ほとんどの家事を夫がすることになりました。さらに階段を移動する私の介助や、病院への送り迎えなども引き受けてくれました。仕事があるなかで、夫は嫌な顔ひとつせずサポート。十年ほど前から家事の分担を進めていて、夫がひと通りの家事をできるようになっていたことが幸いし、率先して動いてくれる姿は頼もしいかぎりでした。夫には心から感謝しつつ、これから先の生活も助け合いながらやっていけそう、と安心することができました。

少し前まで、助けてもらうことをどこか申し訳ないと思う気持ちが強かった私ですが、誰かの手を借りないとどうしようもないこともあると知ってからは、助けを求めることを遠慮しないようにしています。同時に、困った時に助けてもらいやすい人でいることも大事。この先、人に助けてもらう機会はきっと増えるから、わからないこと、できないことを人に見せることに、今から慣れておくこともきっと必要です。

ムスッとして助けてもらうのを待っているおばあちゃんより、にこにこしながら人に頼れるおばあちゃんになれたらと思います。

少し早い還暦祝いに友人からもらったカステヘルミの赤いボウル。長い付き合いの友人の存在も、大きな心の支えになっています。食事や観劇を楽しんだり、悩みを相談したり。一緒に過ごす時間が積み重なって、かけがえのない存在に。

カステヘルミ ボウル クランベリー(イッタラ)

夫婦で仲良く暮らすために

我が家の朝の始まりは、六時半から七時頃。夫のスマホのアラームで起きて、それぞれに顔を洗ったり、洗濯を始めたり。朝の支度や家事を進めながらも、七時半には一緒にBSで朝ドラを観るのが日課です。忙しい朝ですが、ドラマを観るこの十五分はのんびり過ごせて、好きな時間。ドラマが終わったらふたりで朝食の準備をします。メニューは毎朝同じで、パン、サラダ、ヨーグルト、牛乳とトマトジュース。冬場は前日の味噌汁やスープなど温かいものをプラスします。夫の出勤はだいたい八時半から九時頃。毎朝必ず玄関先まで見送っています。

もうすぐ結婚四十年になりますが、夫の同僚も私の友人も皆口を揃えて私たちのことを「仲がいいね」と言ってくれますし、自分たちでもその自覚があります。夫は穏やかな人で、私はときに頑固ですが、基本的に争うことが好きではなく、お互いに歩み寄れるところがいいのかもしれません。

この年齢になれば、毎日は楽しいことや明るいことばかりではありません。美味しいものを食べたり、新しい景色を見たり、わくわくすることは少しぐらい仲が悪くても一緒にできるけれど、ネガティブなことを一緒にするのは難しいと思います。人生後半になると、「これはやめておこうか」「諦めようか」と寂しい決断をすることが増えてきます。それを一緒にするのが夫婦です。

つい先日も、家計の支出を見直そうと、家に二台あったテレビを一台に、音楽や動画のサブスクサービスもいくつか解約しました。私の仕事道具やアルバムなどを保管している貸し倉庫も解約す

夫が好きな巨峰を買ってきて、季節のものを一緒にいただく休みの日の夫婦時間。
オーバルプレートL ミストベージュ（イイホシユミコ）

ることを決めていて、少しずつ荷物の処分を進めているところです。

我が家の食費と日用品を合わせた予算は、見境いなく買い物しているとすぐにオーバーしてしまう額なので、少しでも安いものを求めて、いつもお店をはしごしています。この先、生活費の予算を減らすことはあっても増やすことはなさそう。暮らしを小さくしていく時に、「まぁ仕方がないよね」と笑い合ったり、慰め合ったり、愚痴を言い合ったり。そうやって支え合えたらと思うと、ちょっとムッとしたとしても、つまらないことを不満に思う気持ちは自然と消えていきます。

夫は今、六十六歳で、義父が亡くなったのが八十一歳。長生きしてほしいけれど、残りの時間を思うと、あっという間かもしれません。人生後

半を寂しくしないためにも、そばにいてくれることに感謝して、ふたりで笑っていられる時間を増やせたらと思います。

近所の公園にある立派な藤棚。
花が咲く5月には、ふたりで散歩がてらよく訪れます。

私が還暦を迎える記念にお椀を新調。富士山を模した
端正な形は、使う度に惚れ惚れします。
TSUMUGI 汁椀 富士 プレーン（我戸幹男商店）

秋の結婚記念日に箸を新調して、翌年元旦から使い始めるのが習慣。箸は「幸せの橋渡し」や「食べるものに困らない」という縁起を担いで、毎年買い替えています。

塗り分け箸 ブラック（公長齋小菅）※写真左
一文字箸 ブラック（公長齋小菅）※写真右
円窓箸置き（公長齋小菅）

いとおしい猫との暮らし

愛猫との暮らしももう三十年以上になります。今一緒に住んでいるそらは、やんちゃで自由な反面、とても怖がりで臆病な女の子。猫なのに喜怒哀楽がわかりやすい子です。これまで一緒に暮らしたミルク、クリムはどちらかというとおっとりしたタイプで、まったく違う性格。暮らし始めた時は「同じ猫でもこんなに違うんだ」と驚いたほど。どの子もいとおしいうちの子です。

そらの一番の特徴は鳴き声。あまり鳴かなかった先代の猫たちと比べると、鳴き声はとっても大きくてワイルド。もともと外猫で、保護されるまでの数週間をひとりで過ごしたために警戒心が強く、私たちを呼ぶ時は家中に響き渡るほどの大声で鳴きます。いつもそばにいてほしいタイプなので、私を見つけると「一緒に遊んで」とすり寄ってきます。夫とも仲良しで、撫でてほしい時はゴロンとお腹を見せてアピール。夫が撫でるとご満悦で、ひっくり返ったままゴロゴロ言っています。

最初に暮らしたミルク（男の子）は十五歳と半年、クリム（女の子）は十二歳までそばにいてくれました。ミルクは急性のがんで、病気がわかってから一か月とあっという間に逝ってしまったので、心残りがありました。病気に気づいてやれなかった自分を責めて、すっかり落ち込みました。いわゆるペットロス状態、ご飯もろくに食べられない日が続きましたが、時間が薬になりました。

その後、縁あってクリムを迎え入れ、長く暮らして病気が見つかった時には、「納得いくまで一緒にいよう」と心に決めました。クリムの場合は抗がん剤が効くがんで、できる治療をすべてして

私が寝室で身支度を整えている間はクローゼットのラグの上でおりこうさんにしています。「終わったよー」と声をかけると、待ちくたびれたように伸びをして寄ってきます。
ラグ pudding(ミナ ペルホネン)

もらうことに。毎日投薬をする以外は、病気を忘れるほどに元気で、たくさんの幸せをくれました。夫の運転で病院まで片道二時間かけて通った日々は、今となってはいい思い出です。

クリムが旅立ってから七か月後、友人から子猫を保護したという連絡がありました。それがそらとの出会い。預り先で飼い手を待っていると聞いて見に行き、その後迎え入れました。

そらは今、四歳。毎日元気な声で鳴きながら、縦横無尽に家の中を動き回っています。おかげで我が家はすごく賑やかです。でもふとした時に、クリムがいなくなった家で、夫と「こんなに静かだったんだね」と顔を見合わせた日のことを思い出します。これから一緒に暮らせるのはどのぐらいかわからないけれど、愛猫との暮らしを一日一日、大切にしていきたいと思います。

鳥を見たり、外を歩く猫を凝視したり。何かの気配を察知して慌てて登る寝室の小窓は腰壁の上。子猫の頃に登り損ねて、クロスの壁に小さな傷がいくつもついてしまったので、「エコカラット」を貼りました。

猫と暮らすインテリア

猫との暮らしでの困りごとといえば、あちこちで爪をとぐこと。マンション時代、クロス貼りの壁がボロボロになったことから、リフォームの際に腰壁仕様に。これが効果的だったので今の家でも同様にタイル貼りの壁以外、すべての壁を腰壁仕様にして対策を講じました。つるんとした質感の壁にすることで、爪を立てなくなります。

一方で、リビングの私の椅子は諦めて自由に爪をといでもらい、布がボロボロになったら定期的に交換。お互いにストレスを溜めないのが平和に共存する秘訣です。

腰壁の高さは90センチ。シナベニヤを強力な両面テープで貼りつけて、塗料「オスモカラー」の白を4回重ね塗り。タイル部以外、階段も含めて家の壁はすべて爪とぎ対策で腰壁仕様にしてもらいました。

爪とぎはクリムが子猫の頃から使っていたお下がり。麻の爪とぎは、そらが繊維を誤食してしまうため、麻ではなくダンボールのものにしています。

いい子にしていたご褒美には大好物を。私の手のひらに載せてあげると、勢いあまって何度も床に落とすので直接口に運んでいます。この方が食べやすいようで、遊びながらのおやつ時間。

モンプチ　クリスピーキッス
（ネスレ）

プラスティックの食器はどうしてもキャットフードのにおいが残るので、磁器やガラス製に。器の滑り止めと食べこぼしを受け止めるためのペットマットも必需品。いずれもインテリアに馴染むものを選んでいます。

猫 フードボウル ブラック／グレー（nyagomi）／ペットマット（MKUTO）

怖がりなのでトイレは隠れられる屋根付きタイプに。インテリアにも馴染んで猫砂も飛び散らないので、気に入っています。

ニャンとも清潔トイレ ドームタイプ ブラウン（エステー）

マンション時代にはなかった心配は、脱走してしまうこと。そらを引き取る際にも、なるべく脱走防止扉をつけるよう勧められたので、家具屋さんに相談して作ってもらいました。ガラスなので圧迫感なく、蚊や虫が入るのも防いでくれます。

背の高いキャットタワーは怖がって登らなかったそら。こちらはお気に召したようで、おもちゃで遊ぶ時も、昼寝もここで。
キャットインテリアタワー NECOTA セットカーサ グレー(カインズ)

内田彩仍（うちだあやの）

福岡県在住。夫、愛猫そらと暮らす。丁寧な暮らしぶりやセンスある着こなしが人気を集める。家事や日々の生活を紹介する著書多数。近著に『変えること変わらないこと』（主婦と生活社）、『大切なこと穏やかに暮らすための48の工夫と心がけ』（PHPエディターズ・グループ）などがある。

写真　大森今日子
装丁　葉田いづみ
組版　宇田川由美子
校正　西進社
撮影協力　秋吉台国際芸術村、Yuka DESIGN FLORAL

衣食住《いしょくじゅう》、暮《く》らしに寄《よ》り添《そ》うもの選《えら》び

発行日　2024年10月30日　第1刷発行
　　　　2025年2月18日　第4刷発行
著　者　内田彩仍《うちだあやの》
発行者　徳永 真
発行所　株式会社集英社クリエイティブ
　　　　〒101-0051
　　　　東京都千代田区神田神保町2-23-1
　　　　電話 03-3239-3811
発売所　株式会社集英社
　　　　〒101-8050
　　　　東京都千代田区一ツ橋2-5-10
　　　　電話 読者係 03-3230-6080
　　　　　　 販売部 03-3230-6393（書店専用）
印刷所　大日本印刷株式会社
製本所　加藤製本株式会社

ISBN978-4-420-31107-6 C0077